「ズルい人」がはびこるこの世界で、
まっとうな思考を身につける方法

全員“カモ”

ダニエル・シモンズ
クリストファー・チャブリス

橘 玲
解説

児島 修
訳

東洋経済新報社

NOBODY'S FOOL

Why We Get Taken In and What We Can Do about It

by Daniel Simons and Christopher Chabris

Japanese translation published by arrangement
with Daniel J. Simons and Christopher F. Chabris
c/o Levine Greenberg Rostan Literary Agency
through The English Agency (Japan) Ltd.

邦訳版への解説

合法的かつ効率的に私たちの脳はハックされている

橘玲

ワイドショーでたまたま見かけた特殊詐欺のニュースに「なんでこんな手口に引っかかるのか」と嗤《わら》い、自分は絶対だまされないと思っているのなら、あなたはかなり危険な立場にいる。なぜなら、誰もがいつかどこかでだまされることになるし、自信があるひとほどヒドいことになるからだ。

本書の著者である心理学者のダニエル・シモンズとクリストファー・チャブリスは、

「見えないゴリラ実験」（2004年イグ・ノーベル賞受賞）で、「全員〝カモ〟」になる理由を示した。

この実験についてはすでに知っているひとも多いだろうからネタバレすると、白のシャツと黒のシャツの6人の男女が、それぞれのチームに分かれてバスケットボールをパスする動画を見せられ、白いシャツのチームが何回パスしたかを数えるよう指示される（2個のボールが行きかうのでかなりの集中力がいる）。

するとこのとき、画面の右から着ぐるみのゴリラがゆっくりと登場し、中央で胸を叩いたあと、画面左へと歩き去っていく。その間、9秒間も画面にゴリラがいたにもかかわらず、多くの被験者はそれに気づかない（少なくとも半数はゴリラが見えなかった）。

ユーチューブで“Selective Attention Test”と検索すると動画が見つかるので、知り合いに試してもらうといい。見事に引っかかって、ちょっとした自慢ができるだろう。

この現象は「非注意性盲目（Inattentional Blindness）」と呼ばれている。脳にとって注意はきわめて希少な資源なので、あること（パスの本数を数える）に注意を集中させると、それ以外のことが目に入らなくなってしまい、文字どおり「盲目（ブラインドネス）」になってしまうのだ。

自分すら信じられなくなる

脳が簡単にだまされることは、さまざまな実験で確認されている。男性の被験者に、2人の女性の写真のどちらが魅力的かを答えさせたあとで、手品のトリックで選ばなかったほうの写真を見せ、「あなたはいまこのひとを魅力的だと答えましたが、その理由を教えてください」と聞くと、大半がすり替えに気づかず、なぜその女性に惹かれたのかを滔々《とうとう》と説明する。

この実験は、主観がかなりあいまいで、好き嫌いはちょっとしたことで変わることと、脳は一貫性にこだわるので、「このひとを魅力的だと答えた」と言われると、その「事実」に合わせた説明を巧妙に（そして無意識のうちに）でっちあげることを示している。

こうした脳の脆弱性《ぜいじゃく》（非合理性）は、心理学者としてはじめてノーベル経済学賞を受賞したダニエル・カーネマンが行動経済学を創始して以来、近年の心理学・行動経済学研究では一大ブームになっている。その結果、（本書でもきびしく批判されているように）データを偽った再現性のない研究が氾濫《はんらん》し、大きな問題になっている。

だがこれは逆にいうと、「脳はどのようにだまされるか」があらかた研究しつくされてしまったということでもある。残り少ない果実に研究者が殺到した結果、データ偽造に手を染める者が現れたのだ。

「脳の癖」が科学的に研究されると、その知見をビジネスに活かそうと思う者が出てくるのは避けられない。これは、特殊詐欺やマルチ商法などの違法行為のことをいっているだけではない。

より大きな問題は、いまや大企業が、法律の範囲内で消費者の脳の脆弱性を利用していることだ。それも一部の「不道徳」な企業の話ではなく、大手ブランドからグーグル（アルファベット）、アマゾン、フェイスブック（メタ）などのプラットフォーマーにいたるまで、消費者を〝カモる〟ビジネスをしていないところはほとんどない。

より不穏なのは、この傾向が今後ますます強まるのが確実なことだ。人間以上の知能を持つようになるらしいＡＩ（人工知能）に、収益を最大化するビジネスモデルを構築するように指示すれば、合法的かつ効率的に消費者の脳をハックする手法が提案されるのは間違いない。そのときもっとも大きな被害をこうむるのは、認知的な脆弱性を抱えるひとたちだろう。

知は力なり

心理マーケティングで私がとくに感心したのは、ハワイの外資系ホテルで体験したタイムシェア方式のリゾート・コンドミニアムの営業だ（タイムシェアというのは、別荘を買うほどの余裕がないひとのために、1週間の利用権をバラ売りするものだ）。

説明係は、ハワイに魅了され3年ほど前に脱サラして家族で移住したという、とても感じのいい日本人男性だった。彼はいろんな苦労話も交えて、ハワイでの生活をざっくばらんに話してくれた。

最初はゆったりとしたロビーでコーヒーを飲みながら、余暇の過ごし方についての簡単なアンケートに答える。リゾートに来たのだから、ほとんどのひとは「いつかはハワイに住んでみたい」とか、「世界じゅうを旅行したい」とか、そんな夢を語るだろう。

次いで豪華なホテル専用車で、超高級コンドミニアムに案内される。ベッドルームが3つもあり、ラナイ（テラス）からは海が見渡せ、ゴルフコースまで併設されている。そのあとで、5万ドル（740万円）くらいの、ちょっとがんばれば手が届きそうな物件を紹介され、タイムシェアを活用して余暇を楽しんでいるひとたちの例を次々と教えてくれた。

さらにその場で、人気の物件は残りわずかで、期間限定の割引や、滞在中に契約書にサインすればホテルから特別なギフトがあることが明かされる。そして最後に、説明会に参加した謝礼として、300ドル（4万4000円）のホテルクーポンをもらった。

ロバート・チャルディーニは心理マーケティングの古典である『影響力の武器』（誠信書房）で、好意、権威、社会的証明、一貫性、希少性、返報性の威力を解き明かしたが、さすがアメリカの会社だけあって、それらを徹底的に活用したシステマティックな営業だった。なかでもいちばん効果的なのは、説明係の日本人が、心理テクニックによって顧客を誘導しているとまったく自覚していないことだ。彼は善意のひとで、心の底からその商品が素晴らしいと信じており、ただ会社のマニュアルに沿って忠実にしゃべっているだけなのだ。

私はけっきょく、300ドルのクーポンだけもらって彼の申し出を丁重に断った。それで豪華なディナーを楽しむことができたのは、〝元ネタ〟を知っていたからだ（ちょっと計算すればわかるが、タイムシェアのリゾートはものすごく割高な買い物で、経済的な合理性はない）。どんな巧妙な手品も、最初に種明かしされればだまされることはない。

本書のいちばんの価値は、同じような場面で、「なるほど、ここではこういう心理テクニックを使っているのか」と気づけることだ。「知は力なり」で、これだけでじゅうぶん購入代金の元は取れるだろう。

小さな損失を受け入れる

企業が心理マーケティングに習熟するにつれて、わたしたちは「いつどのようにだまされるかわからない」という疑心暗鬼に陥ってしまった。著者たちは、「現代の企業は、欺瞞的な手法を標準的な業務手順として採用している。もはやビジネスの世界では、合法と非合法の境界線があいまいになっている（p.14）」と述べている。

だが、つねに他人を疑っているようだとせっかくの機会を失ってしまうかもしれないし、それ以前に幸福な人生を送るのが難しくなるだろう。この難問に対して著者たちは、「社会でのやり取りのほとんどは、誠実な人との間で行われる」し、「不正行為をされたとしても、その影響は小さいことが多い」という（p.348）。

このアドバイスを私なりに解釈すると、だまされるのは「脳の仕様」なのだから、完璧を求めて大きなコストをかける（すべてを疑う）のはムダで、小さな損失を受け入れたほうが（どうせ避けようがないのだから）人生の幸福度は高くなるということだろう。デパートやオンラインショップのセールでいらないものを買ってしまったとしても、人生にさしたる影響はない。

だが場合によっては、真剣に考えなくてはならないこともある。それは、大きな出費をともなう取引を行うときだ。詐欺的な商法によって数百万円、あるいは数千万円を失ってしまうと、取り返しのつかないことになる。

これについての私の対策はシンプルで、「大きな買い物はしない」になる。本書には有益なアドバイスがたくさんあるが、これは書いていないのでつけ加えておきたい。

はじめに

絶対にだまされるはずがない人たちがカモになる心理バイアス

「誰でも、たまには何かにだまされる」――。

元米国国防長官で海兵隊大将のジェームズ・マティスは、自分がだまされた理由をそう説明した。

マティスはエリザベス・ホームズが創業したセラノス社を支持し、同社の取締役を務め、ジャーナリストなどに彼女の人間性がいかに優れているかを熱心に語っていた（※1）。

セラノス社は当時、指先から採取した数滴の血液を垂らすだけで、数十種類から数百種類もの検査を行えるという画期的な小型医療検査装置を開発したと主張していた。従来、同様の検査をするには腕にチューブを巻いて採血しなければならず、多くの手間がかかっていた。

セラノスの担当者から「この装置は戦場でも使えます」と伝えられたマティスは、アフガニスタンに駐留する米軍部隊にこの装置をテストするよう命じた。しかし、結局テストは実行されなかった。セラノスは消費者にサービスを提供し始めたが、この新型装置は問題が多いためにほとんど使われず、代わりに他社製のかさばる装置が使用された。

結局、同社は破綻《はたん》し、ホームズは投資家を欺いた罪で裁判にかけられて有罪判決を受け、11年以上の禁固刑を言い渡された（※2）。

だまされたのを認めるのは簡単なことではない。だから、「それは私たちの誰にでも起こり得ることだ」というマティスの主張は正しい。

しかし、もっと重要な問題がある。現代社会には、私たちをだまそうとする輩《やから》があふれているということだ。

ウォール街のネズミ講、ナイジェリアの電子メール詐欺、隠れてコンピューターを使うチェス・プレイヤー、秘密の信号システムを悪用するブリッジ〔カードゲームの一種〕詐欺、信心深い人々を食い物にする霊媒師、実験結果を捏造《ねつぞう》する科学者、贋作《がんさく》の芸術品を売りさばく悪徳業者、嘘と欺瞞《ぎまん》に満ちたマーケティングを展開する企業――世の中のあらゆる場所には、巧妙な罠がしかけられている。

そして、こうした詐欺には共通点がある。**人間の心の働きを利用している**ことだ。

米国のテレビ・コメディ番組『サタデー・ナイト・ライブ』に登場する2人組の人気キャラクター、ハンス・アンド・フランツに、「Hear us now and believe us later（とりあえず今は話を聞いて、信じるのは後でいい）」というお決まりのフレーズがあった。だが、人間にはもともと、目の前のものをそのまま信じやすい傾向がある。

私たちは、**はっきりとそれを否定する証拠が示されないかぎり、見聞きしたものが本当だと思い込む**。この現象は**「真実バイアス」**と呼ばれている。人は今聞いて、すぐに信じ、後からときどき確認するだけなのだ。

真実バイアスは、人間にとって「バグではなく仕様」だ。人はたいていの場合、本当のことを話す（少なくとも意図的に嘘をつかない）。

だから私たちは、相手の言うことを本当だと見なそうとする。これは論理的で合理的な態度だ。「人は基本的に本当のことを話す」という共通の前提がなければ、社会は成り立たないからだ。

この前提がなければ、誰かと協力して何かをすることはもちろん、簡単な会話すらできなくなってしまう。けれども、そこには大きな問題がある。この真実バイアスは、あらゆる詐欺やペテン、悪徳商法にとって格好のターゲットになるのだ。詐欺行為は、この人間の信じやすさを前提にしている。にもかかわらず、私たちは自分たちの信じやすさにつけ込まれていることに無自覚で、だまされるのはその人が特別に世間知らずで、お人好しで、バカ正直だからだと考えている（※3）。

2000年代、フランス系イスラエル人の詐欺師ギルバート・チクリは、「社長詐欺」と呼ばれる大胆な詐欺行為を主謀して世界を騒然とさせた。

これは社長やCEOを名乗ってその会社の中間管理職に電話をかけ、会社の資金をもっともらしい口座に移すよう指示するという手口だった。もちろん、その口座は詐欺グループのものだ。

この詐欺が成立するかどうかは、中間管理職が「これは社長からの電話だ」と信じるかどうかにかかっている。電話口の相手を社長だと思わなければ、詐欺には引っかからない。だが、社長になりすました詐欺師に早口でせかされた中間管理職たちは、真実バイアスのせいで、本物かどうかを確認する前に罠にはまってしまった（※4）。

ここに大きな難題がある――社会を成り立たせるためには、私たちは他人を信じる必要があるが、信頼しすぎてしまうと、厄介な問題が生じてしまうということだ。そして、この難題は現代社会ではますます深刻になっている。今の世の中には、人の注意を引き、意図的に自分の有利な方向に誘導しようとするしかけがあふれているからだ。

見聞きしたものをそのまま信じてしまうと、私たちは大きな危険にさらされることになる。かといって、あらゆる物事に対して徹底して疑い深くなるのは現実的とは言えない。

いったい、どうすればいいのだろうか？

幸い、本書でこれから詳しく説明していくように、取るべき方法はある。

私たちは、詐欺のしくみが単純だと気づくと、「私はこんな手には絶対に引っかからない。だまされるのは、頭が悪くて教養のない、カモになりやすい人だけだ」と思いがちだ。

けれども実際には、**どんな人でもだまされる。どれだけ優秀で聡明な人でも、例外ではない**。本書では、真実バイアス、すなわち人間に生得的に備わっている、〝十分に確認することなく、現実をそのまま受け入れようとする傾向〟が、いかに搾取の対象になっているかを明らかにする。同時に、こうした搾取から身を守るためにできる具体的な方法を提案する。

本書では、有名な詐欺事件や詐欺師をただひたすら羅列したり、詐欺を歴史学や経済学、社会学の視点から学術的に考察したりはしない。詐欺師や被害者の動機やインセンティブ、感情を特に深く掘り下げたりもしない。

その代わりに、認知心理学の視点から、なぜ人はだまされるのか、私たちのどのような思考や推論のパターンが狙われているのかを詳しく説明していく（※5）。

筆者2人が本書を執筆した理由はいくつもある。私たちは認知科学者として、人が何を知覚し、見逃し、記憶し、忘却し、どのように意思決定するのかを日々研究している。前著『錯覚の科学：あなたの脳が大ウソをつく』（文藝春秋）では、人が自分の心の働きについて誤った直感を持つことがどのような結果をもたらすかについて考察した。

私たち筆者は大学教授として、論文や試験でカンニングをする学生を目《ま》の当たりにしてきたし、研究者として学界内での不正や詐欺的行為も身近に経験してきた（友人や同僚が関わった事件にも遭遇した）。もちろん、筆者も人間なので、何度もだまされたことがある。そして心理学者として、なぜ人はだまされるのかという問題を探究してきた（※6）。

筆者はこのテーマに本格的に取り組むうちに、現代の世の中にいかに詐欺的な行為が広く浸透しているかを理解するようになった。ありとあらゆる種類の詐欺が横行することで、被害の総額も、被害者の数も増えている。だが、これは犯罪だけの問題にとどまらない。

現代の企業は、欺瞞的な手法を標準的な業務手順として採用している。もはやビジネスの世界では、合法と非合法の境界線があいまいになっている。

たとえば2000年代には、一部のヘッジファンドやミューチュアルファンドでは、企業の内部情報の収集や取引を容認・奨励したり、問題のある金融商品を販売したりしていながら、顧客には自分たちの正当性をもっともらしく説明するといった販売手法や基準が採用されていた。

オンラインで商品を販売している企業は、アマゾンやイェルプなど商品のユーザーレビューが掲載されるサイトで自社商品の評価を上げるための工作を日常的に行っている。

不正行為用のツール（オンラインゲーム・ユーザー向けの自動プレイ機能「ボット」やゲームを不正に有利に進めるためのプログラム「チート」、大学生向けの論文の下書きやテストの解答など）だけを販売して、数百万ドルから数十億ドルを売り上げる企業もある。

世界各地では政治運動絡みのフェイクニュースや陰謀論がますます増えており、真偽を気にかけないような主張も珍しくない（※7）。

筆者は、何百件もの幅広い種類の詐欺や不正の事例を研究し、認知心理学の考えを応用して、頻出する特徴やパターンを明らかにした。本書では、「だまされにくくなるため」の戦略も提案する。

その最初の重要な一歩は、真実バイアスに引きずられないようにするための、覚えやすくシンプルな、次のアドバイスを頭に入れておくことだ。

「少し受け入れ、多く確認する」

これは本書全体を通してこれから見ていく具体的な提案の核となる考え方だ。実践のポイントは、たくさん確認すべきなのはどんなときかを見極めることと、その方法を明確にしておくことだ。ここで、そのしくみを簡単に説明していこう。

M&M'Sのチョコレートで全部わかる

裁判では、証人が「良心に従って、真実のみを話します」と宣誓する。だが私たちは日常的な会話の相手に同じことを求めたりはしない。当然、そんなことをすれば嫌われてしまう。

それでも、間違った情報を信じ込むことがもたらす悪影響から逃れるために、重要な情報が真実であるかどうか、あるいはそれを検証するまで判断を保留すべきかどうかを自問するのは大切だ。不確かな状態を意図的に保つことで、真実バイアスに振り回されにくくなる。

真実バイアスをテーマにした科学的実験は、嘘発見ゲームの形式を用いることが多い。被験者は、俳優が事実または嘘の話をする映像を見て、それが本当かどうかを判断する。

この種の典型的な実験に、認知心理学者のクリス・ストリートとダニエル・リチャードソンによるものがある。被験者はさまざまな人が旅の話をしている18本の映像を見る。この話のうち半分は本当で、半分は嘘である。

実験の結果は真実バイアスの存在を示すものだった。実際には18本の話のうち50％しか本当ではなかったにもかかわらず、被験者は全体として65％の話が本当だと判断したのだ。しかし、第三者の「私はこの話が本当なのか確信が持てない」という意見を聞かされた場合、被験者が話を本当だと思う割合は46％に低下した（※8）。

人間にとって判断を保留するのは必ずしも心地よいものではない。だから、これは自然にできることではない。だが、できるだけ身につけるべき習慣だ。見聞きするものすべてに不信感を抱かなくてもいいが、すぐに結論を出すのではなく、**「これは本当だろうか？」**と自問するのだ。

ユーザーにネット上で読んだり投稿したりした記事の内容が本当かどうかを考えさせる

だけで、偽の情報が広まる流れを食い止められることもある。

心理学者のゴードン・ペニークックらは、保守系、リベラル系の偏向したニュースサイトの記事へのリンクを最近ツイート（現・ポスト）した5000以上のツイッター（現・X）アカウントにダイレクトメッセージを送った。メッセージには1件のニュースの見出しを記載して、その内容がどれだけ正確かを評価するよう求めた。つまり、〝ネットニュースの記事には信憑性《しんぴょう》の低いものがある〟という考えに思いを巡らすようユーザーを促したのだ。

その結果、このダイレクトメッセージを受け取ったツイッターユーザーが、翌日にファクトチェッカーから信頼性が低いと見なされているニュースサイトの記事をリツイートする回数は、通常よりも減った（※9）。

判断を保留することは、さまざまな形を取り得る。1980年、ロック・バンドのヴァン・ヘイレンはツアー契約に風変わりな条件を加えた。それは、「各会場の控室には、茶色を除くあらゆる色のM&M'Sチョコレートを大皿で用意しておくこと」というものだった。

リードシンガーのデイヴィッド・リー・ロスは、毎回、控室に茶色以外のM&M'Sが用意されているかどうかを自分の目で確かめた。

なぜこんな要求をしたのか？　ロスによれば、こんな簡単な指示に従えない主催者は、込み入った構成のコンサートのための設備や配線、演出、照明、花火を問題なく準備できているとは考えられず信用できない、ということだ。この「M&M'Sテスト」に不合格だった会場では、ヴァン・ヘイレンはリハーサルを普段よりも入念に行った。ロスは、「全体をくまなく点検する。そうしなければ、このような主催者のもとで行うコンサートは、必ずと言っていいほど本番で何らかのミスが起こるからだ」と述べている。

ヴァン・ヘイレンが主催者に要求した追加の条件は、科学実験では「ポジティブ・コントロール（陽性対照）」と呼ばれている。すなわち、すべてが正常に機能しているかどうかをチェックする追加的な実験のことだ。

このM&M'Sテストは、各会場のスタッフが、細部にまで気を配って準備をしているかどうかをチェックするものだった。もちろん、このテストは完璧なわけではない。スタッフは、茶色のM&M'Sは全部取り除いても、他の箇所で重大なミスを犯すかもしれない。けれども、バンドのメンバーだけではステージの細部を徹底的に点検することはできない。だから、スタッフの「すべて問題ありません」という言葉をただ受け入れるより、このテストをするだけでも大きな意味がある。

こうした単純なチェックは決して万全ではないが、無条件にすべてを信じ込むのに比べれば、はるかにマシだ。本書では、誰かに簡単にだまされないようにするために、日常生活でこうしたチェックを用いる方法を紹介していく。

このM&M'Sテストのように、何かを受け入れる前にスポットチェックをすることは、道路を横断する前に左右を見たり、「これは本当だろうか？」と自問したりするのと同じだ。これは真実バイアスに対抗するためのステップになる。本当だと思っていたことが、後になって嘘やごまかしだったと判明した経験を記録しておくと、どんな場合に判断を保留すべきかを察知しやすくなる。

なぜ人は嘘を受け入れてしまうのか

物事を簡単に受け入れてしまわないためには、「不確かである」という状態を意識的に保とうとすべきだ。

とはいえ、特に気をつけなければならない点がいくつかある。これらは、火にガソリンを注ぐように真実バイアスの作用を促してしまう。

代表例は、そのメッセージが誰から伝えられたか（あるいは、少なくとも私たちがその人にどんな印象を持っているか）によって、内容に過度の説得力が生まれる場合があることだ。

また、私たちは客観性や公正さを装う情報源にも欺かれやすい。

さらに、権威とともに示されたものは、受け手がその権威を認識しているかぎり、もっともらしく思え、従うべきものだと見なされる確率が高まる。

電話で相手をだまして振り込みをさせる「コールセンター詐欺」で、詐欺師が被害者に、「あなたは税務当局（米国内国歳入庁など）や移民局などの政府機関に借金があります。この電話の指示どおりに請求額が支払われなければ、法執行機関がすぐに逮捕状を出します」などと権威を用いて脅すのも、同じ理由だ（※10）。

私たちが語り手に同情を覚えたときも、真実バイアスは強力になる。詐欺師がみずからの物語を、相手の感情や欲望、アイデンティティにたくみに訴えかけようとするのはそのためだ。

ビンヤミン・ヴィルコミルスキーは子ども時代にアウシュビッツを生き延びた体験を自伝として描き、「ホロコーストに関する屈指の偉大な作品」として『ガーディアン』紙に賞賛されたが、後に彼は第二次世界大戦中にスイスに住んでいて、そもそもユダヤ人ですらなかったことが判明した。

23歳のオーストラリア人女性ベル・ギブソンは、脳腫瘍《しゅよう》を治したというみずからの経験にもとづいて自然治癒ビジネスを始めたが、実際には健康的な食べ物を摂ってがんを治したどころか、がんにかかってすらいなかった。それでも、大勢の人々に話を信じ込ませたことで、スマートフォンのアプリと書籍の売り上げで30万ドル以上を稼いだ。このように多くの人が同情を覚える者でさえ、嘘をついていることがある（※11）。

詐欺師が自信にあふれていると、その話に信憑性があるように感じられる。まことしやかな話ほど、注意が必要だ。

米国史上最大の金融詐欺を主謀したことで知られるバーニー・マドフは、ポンジ・スキーム（ネズミ講）によって投資家から数百億ドルをだまし取った。詐欺が本格化した15年以上のあいだに、そのあやしげな活動をまわりから密告された当局やジャーナリストから何度も尋問された。ある事後分析によれば、マドフは投資で成功した理由を米国証券取引委員会（SEC）の調査官にこう述べている。

「私はトレーディングルームのフロアに座って市場を感じ、売り時と買い時を正確に見極められます。何年間も、毎日、適切な価格で買い、適切な価格で売ってきたのです」

不可解にも、SECの調査官はマドフの言葉を信じてしまった。SECがこのバカげた主張を受け入れたのは、マドフが自信に満ちあふれていたことも一因だった。金融ジャーナリストのマイケル・オクラントも、マドフに疑惑の件を尋ねたとき、「罪悪感や羞恥心、反省の気持ちが微塵もない」様子に驚いたと後に回想している。詐欺が破綻するわずか1年前、マドフは市民集会で平然とこう語った。

「今日の証券市場には厳格な規制があり、違反することは事実上不可能です。一定の期間、摘発されずに不正行為を続けることなど絶対にできない」

私たちは、他の条件が同じなら、自信を持って語られた発言ほど信じやすくなる。逆説的だが、もっともらしく語られる話ほど、私たちはだまされないために、慎重に検証しなければならなくなるのだ（※12）。

「ハビット」と「フック」

詐欺は、相手の言うことが本当だと感じられるからこそ成立する。本書では、「人がだまされるのは、通常は役に立つ人間の思考と推論の特徴を利用されているから」というテーマを掘り下げていく。私たちをだまそうとする輩は、必ずしも認知心理学の知識を駆使しているわけではない。だが、そのトリックやシナリオは、人間の弱点を突いているからこそ効果的なのである。

こうした弱点の原因である〝人間の生得的な傾向〟が、自分にもあると自覚すること。それが、詐欺を見つけ、避けるためのスキルを身につけるための土台になる。

本書は大まかに分けて2つの構成になっている。

前半（1～4章）では、誰もが持っている4つの重要な認知的なハビット（癖や習慣）を1つずつ見ていく。これらのハビットは、詐欺師が悪用しようとする、人間の思考や推論の大きな特徴だ。

ここでは、4つのハビット（集中、予測、思い込み、効率）が、いかに詐欺や欺瞞の温床になっているかを詳しく見ていく。

後半では、4つの認知的な「フック（釣り針のように私たちの心に引っかかるもの）」を探っていく。説得力のある映画の予告編や、思わず引き込まれそうになるセールストーク、耳にこびりついて離れない歌や曲の一節など、フックは私たちの興味を奪い、確認することなく受け入れさせようとする。

フックそれじたいには良し悪しはない。人の注意を引くもののほとんどは、少なくとも部分的にはフックの要素がある。とはいえ、私たちがだまされているときも、そこには必ずと言っていいほど、人を誤った方向に誘導するためのフックが用いられている。

認知的なハビットとフックについて学び、詐欺や欺瞞のしくみを示すさまざまな例を知ることで、私たちは徐々に「少し受け入れ、多く確認」を実践できるようになるだろう。

本書には、詐欺に遭わないため、だまされないための有用な情報が満載だ。私たち筆者は、それが読者の生活に役立つものになることを、心より願っている。

全員〝カモ〟もくじ

4 効率 エフィシェンシー ── 相手の痛いところを突く

フック

5 一貫性
コンシステンシー ―― この世界は不合理だ

6 親近性
ファミリアリティ ―― 「これ知ってる」を疑え

7 正確性

プレシジョン――〝数字〟の落とし穴

8 有効性《ポテンシー》──「奇跡」と「ドラマ」はない

ハビット

1

集中

フォーカス

相手は何を
隠しているのか

霊媒師は何でも知っている

人間には、目の前にある情報にもとづいて判断を行い、無関係な情報や邪魔な情報は無視する傾向がある。このようなフォーカス（集中）の習慣があるため、目の前にない情報の重要性や、そうした情報が存在することすら無視されがちになる。本章では、こうした「今、そこにない情報」に惑わされていることに気づくのに役立つツールである、「可能性グリッド」を紹介する。

ジョン・エドワードは、現代屈指の知名度を誇る霊媒師だ。2000年代半ばの人気絶頂期には、テレビ局「We TV」の番組「ジョン・エドワード・クロスカントリー」のホストを務めていた。この番組は、エドワードのこんな冒頭の言葉から始まる。「霊媒は悲しみを癒やすものではありません。霊媒は治癒的で、とても便利なものです。プロセスをしっかり理解していれば、極めて強力な効果を生みます。しかし、霊媒で悲しみを癒や

すことを求めているのなら、それは違います。それははっきりさせておきましょう」（※1）

短髪にがっしりとした体躯、黒のレザージャケットとブルージーンズという格好のエドワードは、前置きを述べた後、マイクを手に小さなステージを歩き回り、霊媒を始める。

「では始めましょう……。このあたりから、若い男性のエネルギーを感じます」

彼はステージの右側に立ち、目の前にいる観客を見て言う。「息子、甥《おい》、孫のような気がします。がんとのつながりもありそうです」

カメラはエドワードの背後から、彼の前にいる観客を映している。「ロバート、ロビー、ロブはいますか？　Rから始まる名前の人は？」

中央の列にいた、グレーのセーターを着た黒髪の女性が手を挙げる。彼女は何人かの親族と一緒に収録に参加している。エドワードはアシスタントに、彼女にマイクを渡すよう指示する。

「ロバートという男性をご存じですか？」エドワードが尋ねる。

「ええ、父です」女性は答える。

「他界されている？」

「はい」

「死因はがんですか？」

「いいえ」

「骨の病気を抱えている人は？」

「2人います。祖父と」彼女はそう言い、次に隣の男性を指差して「彼の母も」とつけ加えた。

「骨の病気にかかっていたのですね」エドワードはマイクを持つ手で指差しながら、女性に語りかける。

「彼の母は——」と女性が言い、「骨肉腫でした」と隣の男性がマイクを持たずにつけ加え、その後でアシスタントからマイクを渡される。

「彼女は骨肉腫で亡くなったのですね？」エドワードが尋ねる。

「はい」と女性は言う。

男性の母親が骨肉腫で亡くなったことを確認したエドワードは、この母親とコンタクトを取ったことを明かす。

「彼女が亡くなったのは、国民の祝日やその前後だったような気がします。国のために何かを祝うような日に」

「それは、私の……、私の父です」女性はボストンなまりの口調で言いよどんだ。

「米国の国旗が見えます。7月4日〔米国の独立記念日〕か、退役軍人の日でしょうか

「……」

「9月11日です」女性が割り込んだ。

「9月11日に亡くなったのですか？」

「はい、彼は消防士でした」

「あなたのお父さんはロバートさんですよね」

「はい」

「あなたは末っ子ですか？」

「一番上です」

「そうですか。私は彼があなたのことを末っ子のように思っていると感じました」

女性はうなずいた。今にも泣きそうな顔をしている。

「彼の存在を感じます……彼のお母さまはご存命ですか？」

「はい」

「彼は、彼女に感謝したいと言っています。どうぞお母さまに、息子さんがそう言っているとお伝えください。お母さまを抱きしめてあげてください。しっかりと」

女性が、頬を伝う涙を拭いながら答える。

「わかりました」

「いつも言っていることですが、母親にとって、子どもを先に失くすこと以上の悲しみはありません。そのことを忘れずに、お母さまに接してあげてください」

観客がうなずく。女性はまだティッシュで涙を拭っている。

これは観る者を強く引き込むテレビ番組だ。だからこそジョン・エドワードは、書籍や多数のテレビ番組、ラスベガスでのステージショー、全米ツアー、セレブリティのプライベートな相談など、幅広い分野で大成功を収めた。女優のキム・カーダシアンも、多忙なエドワードにわずかな時間、相談に乗ってもらえたことで舞い上がった。彼女がエドワードの霊媒の助けを借りて亡き父と接触し、その数日後に2度目の結婚相手と別れた（結婚72日目だった）のは有名な話だ。

だがエドワードは名声を手に入れるのと同時に、世間の嘲笑の対象にもなっている。アニメ『サウスパーク』の「宇宙最大のバカ（The Biggest Douche in the Universe）」というタイトルのエピソードでは、全編を通じてエドワードを笑い者にし、その超能力のいかがわしさを指摘している。エドワードが本当に死者と交信できると思っている人は少ないだろうが、彼の超能力を信じている人が大勢いるのも事実である（※2）。

ここまで数ページを費やして描写したやりとりは、テレビでは2分足らずで終わるものだ。文字に書き起こしたものを読めば、その会話のなかで何が語られ、何が語られていてい ないのかを批判的に考え、「私には霊媒の能力がある」と公言するエドワードの存在を客観的な視点でとらえられるだろう。もともとこうした霊媒や霊能力といったものに懐疑的な人なら、最初からそういう視点を持てるはずだ。

けれども、カリスマ的なパフォーマーが目の前にいて、「亡くなった家族に会いたい」という願いがあるために無防備になっている観客にとって、批判的になるのは難しい。

本章をこの簡単な例から始めたのは、この手の欺瞞を見抜く力を高めていくようにするためだ。では、エドワードのパフォーマンスの裏にあるしかけを細かく見ていこう。

まず、観客は天国にいる家族と交信できるかもしれないという希望を抱いている。そのために、エドワードの能力を信じたがっている。また観客は、エドワードが心にたくみに入り込んでくるので、目の前の霊媒師がしていることの正当性を論理的に判断するのが難しくなっている。

第二に、他の多くの〝サイキック〟パフォーマーと同様、エドワードは事前に観客の情報を収集し、客席にサクラを仕込むことで、みずからの予言が当たる可能性を高めている。

第三に、エドワードは、マジシャンが超能力者を装って相手の心を読むパフォーマンスをするときに用いるテクニック、特に早口での会話に長けている。自分の発言や判断が正当かつ正確なものであると見せかけるために、間違った予想は素早く捨てて観客にそれについて考える時間を与えず、みずからの超能力と合致する事例や情報のみを記憶させようとする（※3）。

エドワードは、相手がさまざまな意味で解釈できるようなあいまいな表現をわざと使っている。そして、相手の解釈を、あたかも自分が最初から言いたかったことのように扱う。たとえば、「彼女が亡くなったのは、国民の祝日やその前後だったような気がします。国のために何かを祝うような日に」と言い、「9月11日です」という女性の答えを、それが国民の祝日ではないにもかかわらず、自分の予想が当たったかのような話の展開につなげていく。そのため女性には、エドワードの発言に整合性があるように感じられる。

さらに言えば、「祝日の前後」「国のために何かを祝うような日」に該当する日は、よく考えてみると暦の大半を占めている。家族が亡くなったのがいつであれ、その付近には祝日や重要な国のイベントがあるはずだ。だがその瞬間、家族が亡くなった時期について頭がいっぱいになっている観客は、エドワードのトリックを見破れない。

人は、狭い範囲に注目しすぎていると、驚くほど簡単にだまされてしまう。たとえば、CEOが自社のポジティブな側面について頻繁にSNS投稿をすると、都合の悪い情報から投資家の目をそらせる。

筆者は講演や講義で、マジシャンのヘンリー・ハーディンの古典的な「プリンセス・

「6枚のカードから1枚選び、頭に思い浮かべてください」

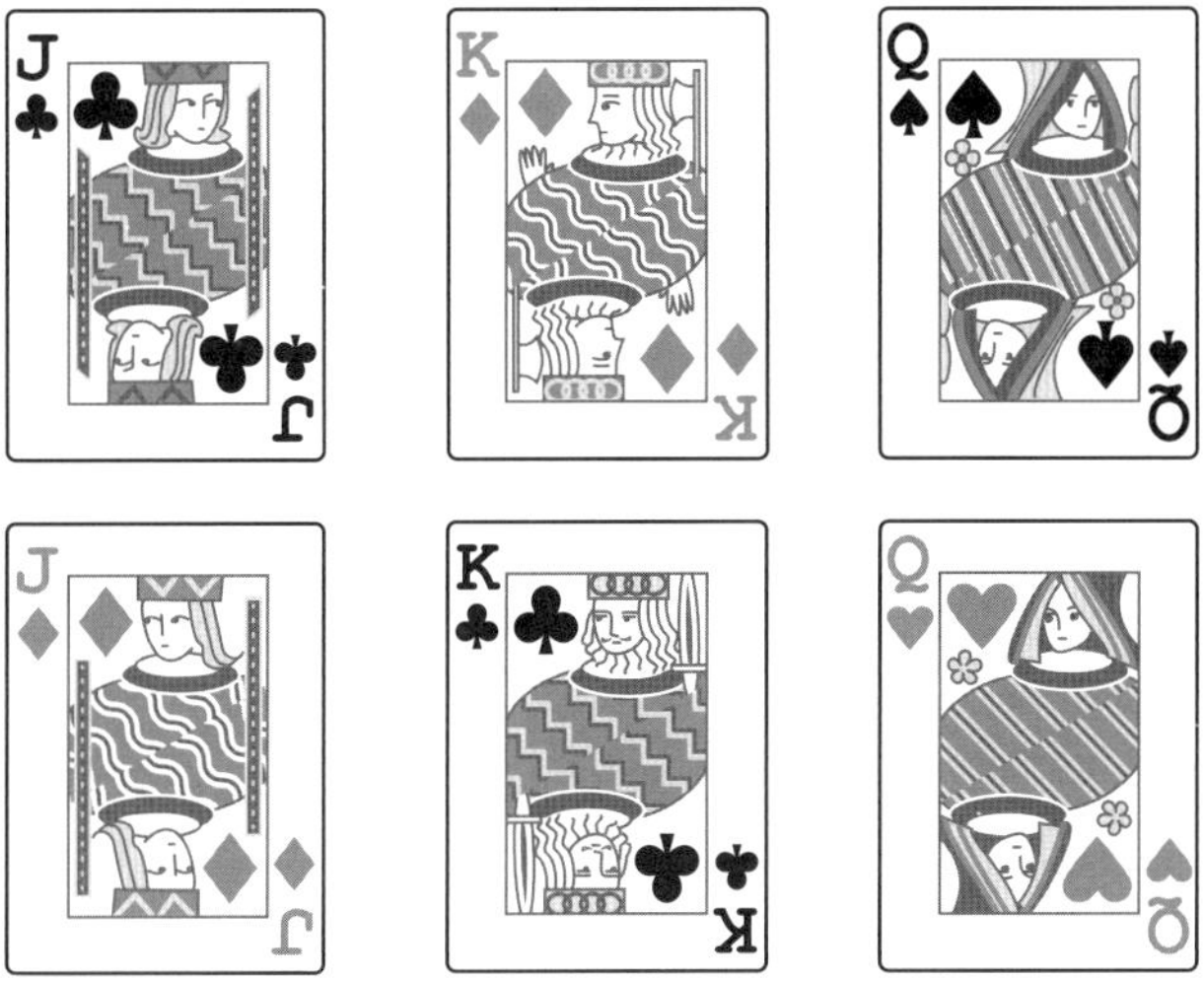

カード・トリック」を単純化したものを使って、この概念を実演することがある。読心術などのメンタルマジックでは、こうしたトリックが用いられる。

一例を紹介しよう。まず、会場のスクリーンに、6枚のカードが描かれたスライドを表示する。

挙手をしてもらった聴衆のなかから任意に1人を選び、筆者は会場に背中を向ける（筆者からはスクリーンが見えないようにする）。当該の聴衆にレーザーポインターを使ってスクリーン上の6枚のカードから1枚選んでもらい、聴衆に「今選ばれたカードを頭に思い浮かべてください」と伝える。

あなたも、今ここでカードをどれか1枚選び、頭に思い浮かべてほしい。筆者は再び会

「あなたが選んだカードを消しました」

場のほうを向き、当該の聴衆の目をじっと見つめた後、「今からあなたが選んだカードを消します」と言う。次のスライドを表示すると、選ばれたカードは消えている。

驚いたのではないだろうか？　だが、これはあなたがどのカードを選んでも消えるようになっている。そして筆者は、あなたがどのカードを選んだのかを本当に知らない（※4）。

このトリックでは、エドワードが用いたのと同じ、相手の想像力を封じ込める手口が使われている。観客は、選ばれたカードだけに意識を集中させているので、他のカードのことは考えていない。だから、2度目に表示された5枚のカードには、1度目に表示された6枚のカードと同じものが1枚もないことに気づかないのだ。**意識を向けたものだけを頭**

に浮かべ、意識を向けなかったもののことはいっさい忘れている。

エドワードがくだんの番組でうまく立ち振る舞えたのは、当該の女性の父親である、9月11日に亡くなった消防士のロバートに観客の意識を向けさせたからだ。そのため観客は、仮に女性が別の祝日や別の名前を答えていたとしても、エドワードが簡単にそれに合わせて話を進められたという可能性を考えようとしない。

エドワードは、目の前にない代替案を想像したり、偶然の推測が当たる確率について考えたりすることの難しさにつけ込んでいる。

誰かが「骨の問題」で死んだとしたら、それが骨肉腫である確率はどれくらいだろう？

おそらく、かなり高いはずだ。

他に、致命的な骨の病気はあるだろうか？　それでも、エドワードが「がん」だと発言すると、それは超能力のような推測力だと感じられる。

また、会場の観客のなかに、エドワードの「ロバート、ロビー、ロブはいますか？　Rから始まる名前の人は？」という呼びかけに該当する、亡くなった親族がいる確率はどれくらいだろうか？

たいていの観客には、Rで始まる名前の亡くなった親族がいるはずだ。そもそも、この番組の主目的は死者との交信であり、観客はそれを期待してスタジオに来場している。ロバートはアメリカで一般的な名前だし、エドワードはRから始まる他のどんな名前にも対応できたはずだ（ロバートのニックネームである「ボブ」や「ボビー」などにも）。

矢継ぎ早に選択肢を挙げていくので、観客はどれだけの答えがそれに該当するかを考える暇がなく、誰かが実際に口にした名前に注目する。エドワードは、天才的な推理力の持ち主と思われるために、何百通りもの正解を用意しているのだ。

人は、一見するとまれに思える出来事が起きる確率を推測するのが苦手だ。たとえば、会議中に、ある同僚と誕生日が同じであることがわかったとする。驚くような偶然の一致だと思わないだろうか。だが、実はそうでもない。

もし、その会議に23人が出席していた場合、そのうちの2人の誕生日が同じである確率は50％以上になる。当たり前だが、私たちの誕生日は365日のうちのどれかになる。23人の同僚がいると、2人の組み合わせは253通り（23×22÷2）になる。すると、そのうちの1組の誕生日が一致することは、それほど不思議なこととは思えない。

50人いる場合は、誕生日が同じペアがいる確率は95％以上になる。にもかかわらず、エドワードの観客に「R」で始まる名前の亡くなった親族がいたときに観客が驚いたように、誕生日が同じペアがいることがわかると、そのことに意識が注目し、それが起こり得る可能性について客観的に考えるのが難しくなってしまうのだ。

エドワードが、「亡くなったご家族が、〝愛していると伝えてほしい〟と言っています」と存命の家族に言ったのは、無害な嘘だと言えなくもない。だが、霊媒師や霊能者の主張が、陰湿で有害なものになることもある。それゆえ彼らは「人の悲しみを吸い取る吸血鬼」と批判されることがある。

2013年の初め、米オハイオ州クリーブランドの廃屋に10年近く監禁されていた女性3人が脱走した。そのうちの1人の母親だったルーワナ・ミラーは、娘が失踪した直後の2004年に、有名な霊能者シルビア・ブラウンとともにテレビ番組の「モンテル・ウィリアムズ・ショー」に出演した。

ブラウンはミラーに、娘のアマンダはすでに死んでいて、「水の中にいるのが見える」と言った。ブラウンは、愕然とするミラーに、「天国で娘に会える」と言った。娘が死んだと信じたミラーは、その2年後に亡くなった（※5）。

ブラウンやエドワードのような霊能者は、みずからの予言が当たったときはそれを強調するが、失敗については触れようとしない。あえて失敗について言及するときには、狙いがある。

プロのマジシャンで、魔術的なメンタルマジックの歴史の専門家でもある心理学者のマシュー・トンプキンスによれば、霊媒師や霊能者はみずからのパフォーマンスにおけるいくつもの失敗のうちの1つに意図的に観客の注意を向けさせる手を使うことがある。1つの失敗を強調し、それをくやしがってみせることで、パフォーマンスがいかさまではなく、かつ自身の予言の精度が高いことを印象づけるのだ。

1つの不正確な発言のみに注目した観客は、言及されていない他の多くのミスを忘れ、「1つしか予言を外さなかったなんて信じられない！」という感想を持ちやすくなる。

「注目」した瞬間に道を誤る

ジョン・エドワードの番組の観客は、エドワードの霊媒師としての能力を信じていて、そのパフォーマンスに疑いや否定の目を向けない人がほとんどだった。だが誰でも、簡単には懐疑心が起きないような環境に身を置けば、番組の観客たちと同じように、物事を従順に信じてしまうようになる。**人は目の前にある情報だけに注目すると、それを必要以上に信じてしまいやすくなる**からだ。

文学の授業で、「不信の停止」という言葉を教わった人がいるのではないだろうか。これは、フィクション作品を理解し、楽しむために、批判的な思考や疑念をいったん脇に置き、通常なら拒むような荒唐無稽な架空の設定を受け入れることを意味する。物語や作品に説得力があれば、私たちはなぜハッカーがＭａｃＢｏｏｋを使って宇宙船のコンピューターにアクセスできるのか、なぜある動物のＤＮＡを変えると種全体が絶滅してしまうのかといった疑問を持つことはない。

一方で、ドキュメンタリー作品を読んだり観たりするとき、私たちはこのように進んで架空の設定を受け入れようとはしない。なぜなら、その必要がないからだ——ドキュメンタリーは事実にもとづいたものであり、フィクションではない。これは日常生活にも当てはまる。

私たちは現実世界に対しては、意識的に「不信の停止」を用いようとはせず、ありのままの現実を受け入れようとする。簡単には目の前のものを疑おうとはしないし、めったに確認しようともしない。つまり、**私たちが日常生活でだまされないために注意しなければならないのは、こうした「信じやすさ」の傾向**なのだ。

ビジネスの世界でも、この傾向が利用されている場合がある。おそらくは、意図せずにそうなっているケースもあるはずだ。企業は、厳しく管理された条件下で行われる「デモ」を公開し、自社の新技術や新製品が実際よりも高性能であるかのように見せかける。デモがうまくいっているように見えると（実際、たいていの場合はうまくいく）、それが本当のことであるように感じられる。人間にとって、自分の目で見たものを疑うのは難しいのだ。「真実バイアス」の作用により、私たちは自分が見ているものが現実に近いものであり、誰かに意図的に惑わされているのではないと信じるようになる。

たとえば、ロボットの研究開発を手掛けるボストン・ダイナミクス社（以前、グーグル社が所有していたこともある）は、人型ロボットがパルクール（都市の建造物を障害物に見立て、素早い動きでそれらを飛び越えたり、高い場所を走ったりする、若者が好むスポーツ）のような驚異的なスタントをする動画を定期的に公開している。

けれどもこのロボットが、初めて遭遇する障害物コースで、見たこともない物体に対して同じような動きができるのかどうかは、動画からはわからない。けれども、説得力のあるデモを目にすると、人は直接的な証拠が得られなくても、そのパフォーマンスが似たような環境でも実現するのではないかと思いがちになる（※6）。

極めて限定的な状況下において「知性がある」ことを示すような挙動をするコンピューターシステムを開発し、それが幅広い文脈でも同じように機能すると主張・暗示する行為は、50年以上前からあった。

開発者が意図的に人を欺こうとしているわけではなくても、その技術がさまざまな状況下でも容易に機能するだろうと過度に楽観視しているケースもある。

数十年にもわたって、コンピュータービジョン〔画像情報から必要な情報を取り出すためのテクノロジー〕やロボット工学の専門家たちは、ロボットが一般的な幾何学立体（立方体、ピラミッド、円柱など）を含む画像を理解できれば、大半の問題は解決したも同然で、その能力を自然の光景に応用するにはあと少しのステップですむと考えていた。だが人工知能（AI）システムは、最適化された「ミクロの世界」から現実の世界へと飛躍することに何度も失敗している。

これは、医薬品の開発で、動物実験では成功しても、人体実験では失敗することがあるケースと同じだ。物体認識システムは、デジタル画像の1ピクセルの色を微調整するだけで、船を車、鹿を飛行機と判断してしまうことがある。

複雑な現実世界を相手に信頼性の高い性能を発揮するには、厳しく管理されたデモ環境でうまく機能したものとは根本的に異なるアプローチが必要になる場合が多いことを、デモの推進者は簡単には気づけないのだ（※7）。

詐欺師もそこにつけ込み、都合よく切り取られた現象を使って、それが広く現実世界一般に当てはまるような錯覚を起こさせる。

セラノス社は、小型の血液検査装置に「ヌルプロトコル」と呼ばれる特別なデモモードを搭載し、投資家向けのプレゼンで使用した。同社の担当者は、プレゼン相手の投資家から少量の血液サンプルを採取してカートリッジに入れ、装置に挿入する。そして、装置があたかも正常に動作しているかのように画面を触って操作していく。装置はノイズを発するが、実際には何の医療検査も行われていない。その後、サンプルは研究所で分析される。その間、投資家たちは昼食やツアー（実際に血液が分析される場面は省略される）に連れて行かれる。すべての手順は、事前に入念に計画され、リハーサルされていた。

セラノスの幹部は、観客の注意を操り、あり得ないようなことが起こったと見せかける手品師のように投資家を欺いたのだ。

名門の自動車メーカーであるフォルクスワーゲンでさえ、似たようなことをした。排出ガスの規制基準を満たすために、テスト中だけ排出量を抑えるようなしくみを自動車にプログラムしていたのだ。その結果、政府から約４００億ドルの罰金を科された（※８）。

そのヒット商品はインフルエンサーなしでも成功したか?

誰もが成功を望んでいる。ゆえに、成功者の習慣や戦略を真似しようとするのはいい考えのように思える。だが成功体験ばかりに目を奪われると、成功の本当の原因を見逃すことがある。

ビジネスの世界では、長期的に業績を挙げている企業に注目し、これらの企業に共通する特徴を見つけようとする手法が古くから用いられてきた。ビジネススクールでは、成功した企業やリーダー、意思決定の事例を分析することがカリキュラムの中心になっている。しかし、このやり方は、生還した爆撃機だけを分析対象にするのと同じことだ。

その典型例が、マルコム・グラッドウェルのベストセラー『ティッピング・ポイント』(飛鳥新社)の冒頭に出てくるエピソードだ。

グラッドウェルは、カジュアルシューズ・ブランドの「ハッシュパピー」が、1994年まで低迷していたが、ニューヨークのサブカルチャーの発信源である流行に敏感なインフルエンサーたちに支持され始めたことで突然大流行し、1993年から1995年にかけての年間売り上げが3万足から43万足に跳ね上がったと記している。

これは、企業が自社ブランドを宣伝するために「インフルエンサー」を活用する可能性を示す好例とされている。

たしかに、他よりも大きな影響力を持つ消費者はいる。しかし、少数のインフルエンサーに製品を提供し、それを大衆に向けて宣伝してもらえば、マーケティングは必ず成功するのだろうか？(※9)

実際には、ハッシュパピーの事例は「流行の最先端を行く人たちに履いてもらえばシューズ・ブランドは急成長する」や、「インフルエンサーを起用することが企業の成功の秘訣《ひけつ》である」といった考えを裏づける証拠を何も示していない。成功の原因を見極めるためには、1つのわかりやすい要素だけではなく、あらゆる要素を考慮しなければならない。

たとえば、もともと優れた製品やサービスを提供していて、売上高や利益が高い企業ほど、最新のマーケティングのアイデアを試す傾向が強いという可能性も考えられる（グーグルの従業員への待遇や、アマゾンの会議の進め方、フィンランドの学校の授業のやり方、米国の海軍特殊部隊《ネイビーシールズ》のマネジメント法など、表面的な部分をただ真似ようとしても、これらの優れた組織に匹敵する業績を挙げられるわけではないのと同じ原理だ）。

インフルエンサーを用いたマーケティングが本当に成功をもたらすかどうかを検証するには、医学の臨床試験と同じ手法を当てはめなければならない。すなわち、類似した企業を大量に被験者に見立て、インフルエンサー戦略を用いるグループとそうでないグループにランダムに分け、その戦略が成功したかどうかをグループ間で比較する必要がある。

もちろん、これを実施するのは現実的ではない。けれども、証拠を得にくいからといって、目の前の1事例だけを見て、それが確かな証拠だと信じ込むのは間違っている。

要は、株の銘柄を選ぶ投資家のようにビジネスアイデアを吟味《ぎんみ》しなければならない。当然、成功するものもあれば失敗するものもある。**一般的に、「一発屋」の成功は偶然や運によるものが大きいと考えられているが、継続的に成功している企業も、偶然や運と無縁であるわけではない。**

仮に、あらゆる投資で成功（たとえば、平均的な株価を上回るパフォーマンスを上げる）する確率が50％だとしよう。1024人がまったくの偶然にもとづいて予想をすれば、成功するのはその半分の512人、2回目も成功するのはその半数（256人）になる。10連続で成功するのは、1人のみだ。もし私たちがその人の存在だけを知っていて、残りの1023人について何も知らなかったら、投資の天才を見つけたと大騒ぎするかもしれない。

もちろん、ピーター・リンチやレイ・ダリオ、ジム・シモンズのような有名投資家が成功したのは運だけだと言っているのではない。ただ、成功談について考えるとき、私たちが耳にするのは、こうした際立った成功者の話だけだということは心に留めておく必要がある（※10）。

成功の本当の原因を探るには、美しい物語以上のものが必要だ。生還しなかった爆撃機、選ばれなかったカード、霊能者が対処できた他の結果について考えなければならない。**売れなかった靴や、成功しなかった会社など、普段はほとんど考えようとしないことに目を向けるべき**なのだ。

成功者の秘密

人はいい物語に引かれ、説得されやすい。マーケティングの魔術師や投資の天才をテーマにした本はよく売れる。だが、いい物語に引き込まれると、その物語で描かれなかったことに意識が向かなくなる。この点を指摘したのが、ジョージ・リフチッツ、ダンカン・ワッツらが率いる心理学、社会学、コンピューター科学の研究チームによる2021年の研究だ。同チームは、「ユニコーン企業」(評価額10億ドル以上の未上場企業)の創業者には、大学中退者が非常に多いという、ビジネスメディアによくある物語を検証した(※11)。

その代表例は、ビル・ゲイツやスティーブ・ジョブズ、マーク・ザッカーバーグなどの起業家だ。だが、大学を中退すれば、誰もが彼らのような特別な存在になれるのだろうか。ジョナサン・ワイらの研究者は、2015年の時点で、253人のユニコーン企業の創業者やCEOのほぼ全員が大学を卒業しており、多くが修士号以上の学位を取得していることを明らかにした。米国の成人のうち、大卒者の割合は半分以下だ(※12)。

リフチッツの実験では、被験者はまず、スタートアップ企業が大卒者または大学中退者によって創設された場合に、どちらがユニコーン企業になる可能性が高いかについて、意見の相違があることを知らされる。そのうえで、無名の大卒者1人と無名の大学中退者1人のうち、どちらがユニコーン企業を設立する可能性が高いかを賭けるよう求められる。

ただしその選択をする前に、「大卒者が創業したユニコーン企業5社のリストを見せられる」「大学中退者が創業したユニコーン企業5社のリストを見せられる」のいずれかの条件を与えられた。

その際、各創業者の成功にまつわる逸話が語られた。また、このサンプルでは大卒者または大学中退者のどちらか一方の創業者のみしか選ばれていないことを確認するよう被験者に求めた。

その結果、無名の大学中退者が成功するほうに賭けたのは、成功した大学中退者の創業者リストを見た被験者の場合は68％だったのに対して、成功した大卒者の創業者リストを見た被験者の場合はわずか13％だった。

つまり、被験者の賭けは、直前に目にしたごくわずかなサンプルに強く影響されたのだ。もし、目にしなかったほうのサンプルについて考えていたら、選択は違っていたかもしれない。

興味深いことに、ほとんどの被験者は、自分の選択の正当性を説明するときに、自分が選ばなかった無名の起業家が失敗しそうな理由ではなく、自分が選んだ無名の起業家が成功しそうな理由を語った。

どちらの説明も有効なものになりうるが、ポジティブな事例があると、人はそれを支持する理由を思いつきやすくなるということだ。

この実験には、被験者を欺こうとする意図はなかった。被験者には、実在の創業者に関する本当の逸話が紹介された。しかしこれらの逸話は、企業の創業者なら誰もが経験するような典型的なものではなかった。

同じ原理で、消費者を欺こうとする情報キャンペーンは、本物の事例を意図的に選ぶことで、嘘やフェイクニュースを用いることなく、消費者による「ファクトチェック」を回避させて、目的を達成するのだ(※13)。

「可能性グリッド」で真実を見抜く

ここまで見てきたように、人は「帰還した爆撃機」のような、目の前にある情報だけで物事を判断し、帰還しなかった爆撃機のことは頭に浮かべようとしない傾向がある。

ただし、目の前にあるものに意識をフォーカスさせるのは、愚かなことでも不合理なことでもない。こうした集中は効率的なものであり、意味のあるパターンを見つけ出したり、推論をしたり、注意を向けて集中して思考しなければ解決できないような問題に対処できるようになったりする利点がある。

目の前にあるものに集中しなければ、私たちはサッカーの試合の展開を追うことさえできないだろう——見えるのは、フィールド上を何人かが走り回り、そのあいだを小さな丸い物体が跳ね回っている光景だけだ。

だが**集中による効率化によって恩恵が受けられるのは、対象が問題の全容を表している場合のみ**だ。つまり、帰還した爆撃機からも、帰還しなかった爆撃機からも、等しい情報が得られるような場合だ。たとえば、サッカーの試合を、ボールを保持している側だけに注目して見ていると、そのチームの戦術を読み解くチャンスは得られる。だが、守備側が攻撃に対してどのような戦術を用いているか（いないか）については知ることができない。

この集中力の欠点は、詐欺師やマーケティング担当者が人をだまして間違った選択をさせるために用いるありふれた手段の前提になっている。彼らが情報を隠す必要はない。ただ**重要な情報を省略して、それについて考えないように仕向ければいい**のだ。

私たちがこの問題に対処するためには、**「何が欠けているのか」**と問う必要がある。重要な決断をする前にそうすることで、何かの真偽を判断するために、本当に必要な情報は何かを考えやすくなる。

目の前にない重要な情報が何かを整理するために便利なのが、「可能性グリッド」と呼

情報整理のための「可能性グリッド」

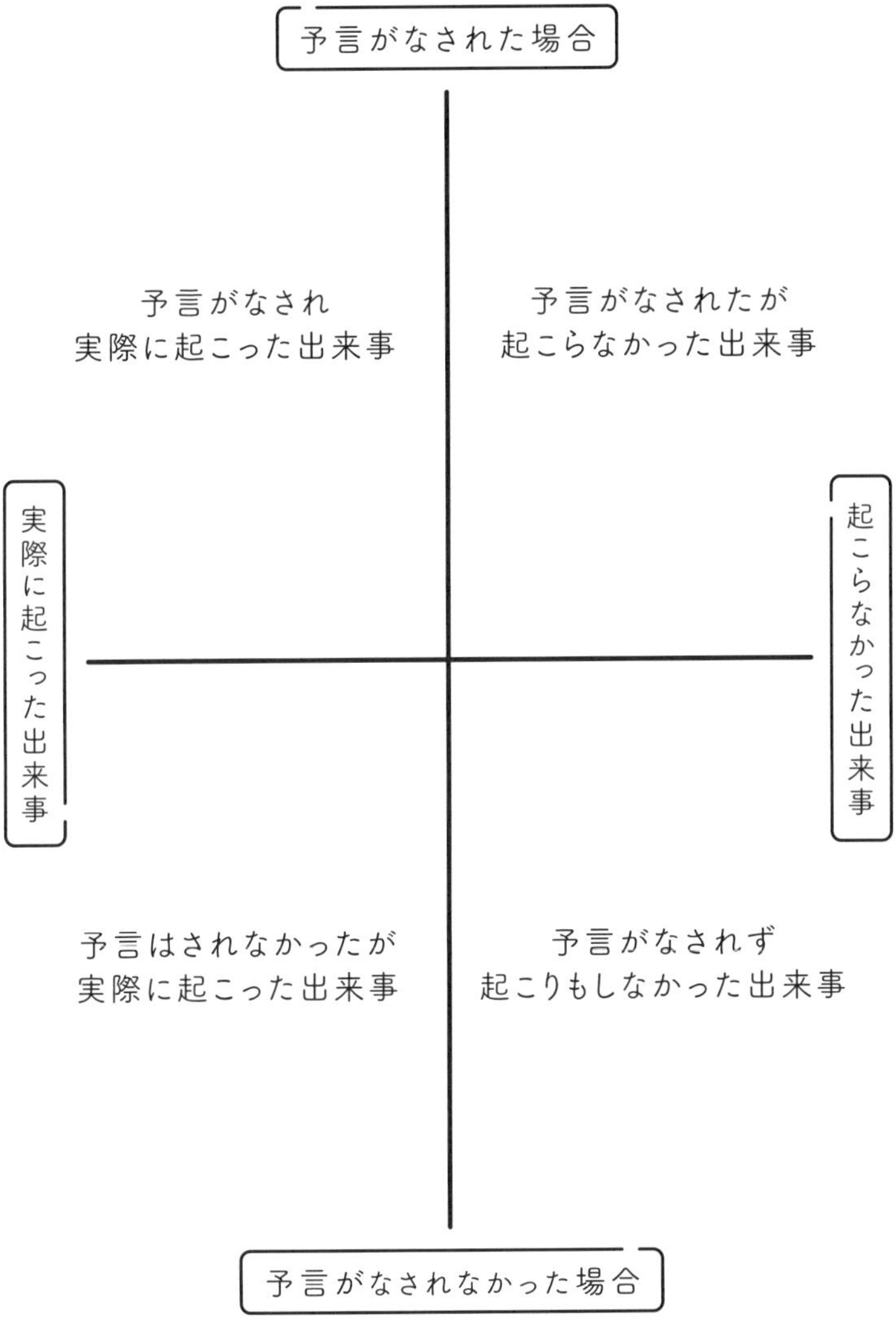

ばれるシンプルなツールだ。

2×2の4マスから成るグリッドを想像してみよう。これを霊能者のケースに当てはめると、上段には予言がなされた場合、下段には予言がなされなかった場合が該当し、左列は実際に起こった出来事、右列は起こらなかった出来事が該当する。つまり左上のマスには、霊能者がある出来事を予言し、その出来事が実際に起こったケースが当てはまる。超能力者が、予言を的中させて有名になるような場合だ。

右上のマスは、予言が実現しなかったケースが当てはまる。霊能力者のシルビア・ブラウンが、行方不明の子どもを「水死体で発見される」と予言したが、実際には生きていて監禁されていたようなケースだ。

左下は、霊能者が、すべきだったができなかった予言が当てはまる。たとえば、シルビア・ブラウンが、行方不明の少女が生きて発見される（あるいはブラウン自身が証券詐欺で有罪になる）ことを予測できなかったようなケースだ。このマスに該当することを想像するのは難しい。なぜなら私たちは、人が「何をしなかったか」よりも「何をしたか」に注目しているため、このボックスについて考えることじたいが難しいからだ。

リチャード・サンダースの研究チームは、20年以上にわたって何百件もの世界的な重大事件について調べたが、そのうち有名な霊能者によって予言が的中したものは1件もなかった。これらの事件には、スペースシャトル「コロンビア号」の大事故、20万人以上の死者を出した2004年のインド洋大津波、ノートルダム大聖堂の大火災、新型コロナウイルスのパンデミックなどがある（※14）。これらもすべてこの左下のマスに該当する。

最後に、右下のボックスには、どの霊能者も予言せず、実際に起こらなかった出来事（たとえば、「筆者の最新作がピューリッツァー賞を受賞する」など）が入る。

この可能性グリッドを使うと、左上のマスに入る成功事例を、他の3つのマス（ここに該当する出来事や逸話は、あまり印象的なものにはならない）の可能性と併せてとらえられる。

では、次に可能性グリッドを用いて、マーケティング戦略を分析してみよう。グリッドの上段は企業が対象となるマーケティング戦略を試したケース、下段は試さなかったケースになる。左列は成功した製品、右列は失敗した製品が入る。

たとえば、ハッシュパピーの活き活きとした説得力のあるストーリーを聞くとき、私たちはインフルエンサーによる採用が売り上げ増加につながった左上のマスのケースのみについて学んでいることになる。

そのような偏った視点に陥らないよう、私たちは**同様のインフルエンサー・マーケティングを実施して失敗した企業、挑戦せずに成功した企業、挑戦せずに失敗した企業についても、一歩立ち止まって考えるべき**なのだ。

左上のマスと比較して、他のマスにどれくらいの数の企業が入っているかを調べ、推定し、想像することで、このマーケティングがどれくらいの割合で成功に結びついているかをより正確にとらえられるようになる。

「何が欠けているのか」と問うことで、「いま目にしているものだけがすべてではない。何らかの理由で消えてしまったものもあるかもしれない」と考えられるようになる。

他の3つの可能性を思い浮かべ、目の前にない情報について考えてみると、実は成功は確実にもたらされるものではなく、偶然の一致でしかないケースが多いことが見えてくる。

可能性グリッドを役立てることのできる、日常的な例を見てみよう。

マーケティングでは基本的に、成功事例が重視される。

金融機関は、過去の実績は将来の成功を保証しないのを認めながらも、新規顧客の獲得のために過去の成功例を引き合いに出す。

筆者も数年前から、SNSのタイムライン上に表示される、似合わないピンクのシャツを着た中年の白人男性の写真に「5年後、あなたはきっとこの株を買っておけばよかったと後悔するでしょう」というコピーのついた広告を何度も目にしてきた。この広告には小さな文字で、「彼は1997年にアマゾンを、2011年にテスラを推奨していました。そして今、買うべき最新の銘柄を発表しています」と書いてある。

このコピーはこの男性が重大な何かを知っていることを暗示している。なにしろ、史上最大級に成長した2社の株を当てたことがあるのだ。ならば、3度目もその予測は正しいのではないのか（※15）。

彼の言葉を信じるとしたら、そして数年前にこの2社の株を買わなかったことを後悔していると正直に認めるとしたら、筆者はミスター・ピンクシャツの可能性グリッドの左上のマスにアマゾンとテスラを入れるだろう。このマスに該当するのは、彼が上がると予測し、実際にうまくいった銘柄だ。

この2つの銘柄は、筆者を含むその他大勢の人にとっては、左下のマスに属するものだ――つまり、買わなかったが、価値が上昇した株だ。ミスター・ピンクシャツが今回推奨している銘柄を信用すべきかどうかを正確に判断するためには、他の3つのマスの可能性について注意深く考えなければならない。

プロの投資家や証券コンサルタントが、14年に1銘柄しか勧めずに生き残ることはできない。当然、ミスター・ピンクシャツも他の銘柄を選んでいたはずだが、それがうまくいったのかどうかは私たちにはわからない。ジンガやマイスペース、Pets.comなど、不発に終わった銘柄が含まれている可能性は十分ある。そのような銘柄は、右上のマス（選んだが、失敗した）に入るだろう。これらの銘柄を選ばなかったことを悔やむ人はいないはずだ。

　また、ミスター・ピンクシャツがグーグルやフェイスブック、マスターカードのような大成功を収めた銘柄を逃したことも明らかだ。もし選んでいたら、アマゾンやテスラを選んだことと同じように自慢していたはずだからだ。１９９０年代後半から大きく値上がりした銘柄は多いので、左下のマスには大量の企業名が書き込めるはずだ。そして右下のボックスには、彼が選ばず、値上がりもしなかった銘柄が入る（※16）。

　各マスにどれだけの数の銘柄が入っているかは問題ではない。４つのマスにそれぞれどんな銘柄が入り得るかを考えるだけで、14年間で2度、いい選択をしただけのミスター・ピンクシャツがいま推奨している銘柄にどうしても注目すべき理由はないことがわかる。

　可能性グリッドは、目の前にないものに注意を向けるための、幅広い状況で使える武器になる。

　一度、このロジックをマスターすれば、これまでどうやってこの視点を持たずにやってこられたのだと思うほど、さまざまな場面で使えることに気づくはずだ。さらに例を挙げてみよう。


―人気テレビ司会者のオプラ・ウィンフリーの雑誌『O』は、「直感が導いた素晴らしい瞬間」という特集で、実業家のレイ・クロックが弁護士のアドバイスに逆らい、270万ドル（1961年当時）を借り入れ、後に世界最大のファストフードチェーンになるマクドナルドを買収したエピソードを紹介している。だが、弁護士のアドバイスに従って成功した、あるいは弁護士を無視して失敗した事業家についてはまったく言及がない（※17）。

新型コロナウイルスのワクチンを接種した直後に死亡した事例を調べれば、その数が多いことがわかる。しかし、こうしたケースばかりにフォーカスしてしまうと、ワクチンを接種しても死亡しなかった何億人もの人々や、最近ワクチンを接種していないが同じ日に死亡した人々を見落とすことになる。

「引き寄せの法則」（「マニフェステーション」と呼ばれることも多い）とは、何かについて考えていると、それが実現しやすくなるというものだ。たとえば、「友人のことを考えていたら、本人から電話がかかってきた」「請求書のことを考えていたら請求書が送られてきて、お金のことを考えているとお金が振り込まれた」「悪い人間関係を考えているといい人間関係は築けないが、理想のパートナーをイメージしているとまさにそんな人が目の前に現れる」といったものだ。だがそのとき、誰かのことを思っていたのに電話がかかってこなかったことや、誰かのことを思っていなかったのに突然電話がかかってくること、そして誰かのことを思っておらず電話もかかってこないこと（私たちの人生の大半はそのような時間で構成されている）など、よく起こりうるが記憶に残りにくいケースのことは考慮されていない（※18）。

私たちをだまそうとする者は、左上のマスにあるものについて延々と説明し、他のマスについては言及しようとしない。

「これが左上のマスにあるのは、偶然の結果ではありません」と物語るもっともらしい因果関係を提示されると、左上のマスにあるわずかな証拠から結論を導き出すのは合理的だと思える。

たとえば、銃が人を殺せる武器であるのを知っている以上、銃で撃たれて死亡した人の例を挙げられると、銃弾が死因であると推論するのは論理的だ。

人は何かが成功した理由を提示されると、たとえそれが捏造されたものであっても、提示されていないことについて考えるのが難しくなる。だから人をだます者は、秘密の、複雑な、あるいは検証不可能な因果関係を訴えることが多い。

引き寄せの法則の支持者は、その力は量子物理学の神秘的な（ごく一部の人を除けば、そう感じられる）理論に起因するとしている。

ジョン・エドワードは、プロの霊媒師を自称している。そのとき、〝霊媒師〟という〝職業〟であることで、検証可能な原理や証明可能なメカニズムを理解しているかのような雰囲気を演出している。

マーケティング担当者は神経科学の話をすることが多いが（「消費者がｉＰｈｏｎｅを愛するのは、このスマートフォンを見ることで、愛に関する脳の領域が活性化するからです」などと）、当該の製品とはほとんど無関係の因果関係を示唆《しさ》しているにすぎない（※19）。

このように、マーケティングにおいて消費者のフォーカスをハッキングするケースとして、最近見られる悪質な例は、ＡＩを用いた製品を開発する企業によるものだ。２０１８年、ニコラ（Nikola）という企業が、同社の自動運転トラックが無人で高速道路を走行しているように見える動画を公開した。創業者兼ＣＥＯのトレバー・ミルトンは、２０１６年にこのトラックのプロトタイプを公開した際、「これは完全な形で機能しています。信じられないことです」と発言していた。だが同社は２０２０年、このプロトタイプには燃料電池やモーターが搭載されていないこと、動画はトラックを緩い下りの勾配で走らせ、カメラを傾けて地形が平坦に見えるようにしたものであったことを認めた。

私たちにモノやサービスを売る相手は、人を説得して何かをさせる他の行為と同様、どの情報を提示し、提示しないかをコントロールしている。だからこそ私たちは、相手から提示されたものだけではなく、できるかぎり多くの証拠を集めたうえで決断しなければならない。

筆者の経験上、企業の意思決定は表面的なものである。だからこそ**「何が欠けているか」**を尋ね、それがなぜ重要なのかを説明することは、たとえ面倒だと思われたとしても、価値のある行為になる（※20）。

「起こらなかったこと」を考えよ

可能性グリッドの右下のマスからは、価値ある情報を引き出せる。とはいえ、そこに何を入れるべきかが簡単にわからないこともある。たとえば、何らかの行動によって悪いことが起きるのを防いだとき、私たちはそのことをめったに覚えていない。例を見てみよう。

- 薬を服用して副作用が出たり、症状がすぐに治まらなかったりすると文句を言うが、薬を服用しなかったらもっと症状が悪化していた可能性については考えない。
- 洪水を防ぐための予防策は成功しても賞賛されないが、堤防が決壊すると市民の怒りを買う。
- 橋が崩壊すると非難の声を上げるが、何十年も前から修理の必要性を訴えてきた技術者や、他の無数の橋が崩壊しないように保守を担ってきた技術者には目を向けようとしない。
- 政府は緊急の健康危機に対応するためになら大量の資金を投入するが、こうした危機を予防するための保健局は慢性的に資金不足である(※21)。

可能性グリッドの概念をうまく活用する方法に、「失敗の履歴書」を保持しておくというものがある。履歴書や自己PRに書くような、グリッドの左上にある成功体験だけではなく、**うまくいかなかった出来事も記録しておく**のだ。

応募したが不採用になった職、すぐに頓挫《とんざ》した企業のリブランディング、売り上げが伸びなかったマーケティング・キャンペーン、うまくいかなかった口説き文句など、失敗したことは記憶に残りにくいため、私たちはそれらをつい忘れてしまう。

失敗の履歴書には、「なんとか切り抜けたがやるべきではなかったこと」「成功すべきだったが運悪く失敗したこと」「やろうと思っていたが見送ったこと」なども記録できる。このような現実的な履歴書を折に触れて見返すことで、忘れたり無視したりしがちだが、成功のために何が重要で、何が重要でないかを評価するためには不可欠な行動や出来事を簡単に思い出せるようになる（※22）。

この失敗の履歴書を文字通り真摯《しんし》に実践しているのが、由緒あるベンチャーキャピタルベッセマー・ベンチャーパートナーズだ。同社は、アップルやイーベイ、エアビーアンドビーなど、投資を見送ったがその後に大成功した企業の一覧を記載した「アンチポートフォリオ」を公表している。

ベッセマーには100年以上の歴史があるが、このリストを見ることで、現在のパートナー企業は同社の過去の投資判断（1960年代にインテル、1970年代にフェデックスへの投資を見送った理由など）を時系列に沿って体系的に理解できる。

これは完全な可能性グリッドではないが、大成功した投資だけではなく、大失敗した投資のことも忘れないようにするという意味でとても価値あるものだ。
現在では、新興企業の多くが同社に倣って失敗例を公表している。

ハビット

2

予測

プレディクション

「期待外れ」を喜べ

「嘘」ほど「真実」に見える

私たちは世の中を理解するために、これまでの経験をもとに次に起こることを予測している。予測が間違っていれば、必要に応じて修正する。だが、予測していたとおりのことが起こると、それに対して疑問を持たない傾向がある。また、予測が現実になるように働きかけてくる人にだまされやすい。「これから起こりうることを、もっと注意深く考えなければ」と自覚するには、いくつかの方法が役に立つ。

人は経験から導き出された予測や直感をもとに世の中に対して予想を立てる。スマートフォンの予測変換機能が人間の言葉のよくある単語配列をモデル化して、次に入力する内容を推測するのと同じように、私たちはこれまでの経験をもとに世の中をモデル化して、近い将来起こりそうなことをより正確に予想しようとする。予測は私たちにとって物事を理解するための核となる要素であるため、それが世の中の解釈にどれほどの影響を与えているか、自覚しにくい。

動いている物体を知覚するような単純なことでさえ、予測に依存している。脳が目によって捉えた光を処理するのは時間がかかるため、私たちは「今」起きていることを百分の数秒遅れで知覚している。

車にひかれないようにするためには、車が一瞬前にどこにいたかではなく、今どこにいて、一瞬後にどこにいるかを知る必要がある。そのため、脳はオートコンプリート（予測変換機能）のような機能を使って、少し先の車の位置を予測しなければならない。

動きに関する予測を誤れば、車にひかれる可能性がある。世の中で起こることについての予測を誤れば、驚く。人は驚くと当然懐疑的になるが、予想どおりの出来事に対しては疑問を持とうとしない。

何でもかんでも疑ってかかるわけにはいかないのと同じく、完全に偏見のない心で世の中を理解することもできない。私たちは、過去の経験にもとづいて予測をしないことには生きていけないのだ。その予想は、重要な情報に注意を向けるのに役立つものになる。

しかし、**予測したものを探し、それを見つけて満足することは、時として確証バイアスになる。**これはモノを強引に売りつけようとする側にとっては好都合だ。「製品」を相手の好みや期待に合ったものに仕立てやすくなるからだ。

優秀な詐欺師は、ハンナ・アーレントの観察の真意を理解している。「嘘はしばしば現実よりもはるかにもっともらしく、理性に訴えかける。なぜなら嘘つきは、聞き手が聞きたがっていることや、期待していることを事前に知っているという点で非常に有利だからだ（※1）」

致命的な過ちを避けるためには、**「これを予想していたか？」という、いささか逆説的な自問が必要**になる。

答えが「予想していたとおり」であれば、それは確認が不十分であることを物語っている。こういう場合は、「もし、正反対の結果を予想していたとしたら？」と考えてみるとよい。

人は予想したものを信じる

ビジネスリーダーは、数字への信頼を「われわれはデータ駆動型組織だ」とか「数字は嘘をつかない」などといった言葉で公言しがちだ。データに注意を払うのは、データを無視するよりはよいことだが、その解釈には先入観が伴うことを忘れてはならない。

2017年に行われた研究で、イェール大学教授のダン・カハン率いるチームはまさにこれを実証した。彼らはまず、「架空の新しいスキンクリームが発疹に有効かどうか」という、一般的に人が特に先入観を持っていそうにないデータを被験者に示した。米国の成人1111名の代表サンプルで2×2の分割表を作成し、発疹が改善した人と改善しなかった人の数を、新しいクリームを使用した人と使用していない人のカテゴリーで分類した(※2)。

この構造は前述の可能性グリッドと一致するので、なじみがあるかもしれない。上の行にスキンクリームを使用した人、下の行に使用していない人、左側の列に改善した人、右側の列には改善していない人を示している。クリームを使用していない場合よりも使用した場合の方が改善したかどうかを判断するには、クリームを使用して改善した人の割合(上の行)とクリームを使わずに改善した人の割合(下の行)を比較する必要がある。

前述したように、この2×2の格子の左上のボックスの内容(ここではクリームを使用して改善した人)ばかりが注目され、残りのボックスは無視されがちだ。

このタイプの研究では、通常、左上のボックスだけを見ると間違った答えを導きやすくなる。この実験でも、カハンのチームは多くの参加者がまさにこの間違いを犯していることを発見した。

ここでの重要な発見は、（同実験の別のテストで測定された）数値スキルが優れている人ほど、左上のボックスに注目して惑わされることなく、データを正確に利用してクリームの効果を正しく判断していたという点だ。

この調査の重要な点は、実験の構造は同じにして、「スキンクリームの効用」という中立的な意見を持ちやすい内容の説明を、人々の意見の分かれやすい政治的な問題の説明（市が銃を携帯することの禁止令を定めたかどうかによって犯罪率が増減する）に置き換えたことである。

参加者全員に同じ数字が表示されたが、半数の参加者には「銃を禁止して犯罪が減少した都市の数」、もう半数の参加者には「犯罪が増加した都市の数」として表示された。

米国では、政治的に保守的だと自認する人は銃規制に反対する傾向が強く、政治的にリベラルだと自認する人は銃規制に賛成する傾向が強い。

この実験では、データが支持する政策と、参加者が賛成すると予想される政策とのあいだに矛盾が生じるように、巧妙な設定がなされていた。左上のボックスだけに注目すると、正解または不正解になる確率が半分になるようデータが構成されている。そのため研究チームは、そのボックス内の数字が被験者の政治的信条と矛盾する場合に、批判的に考えるかどうかを調べられた。

政治的に中立なスキンクリームのテストでは、数字に強く論理的思考力がある被験者は、概してデータを正しく解釈した。ところが、テーマが銃規制政策の場合、正しく解釈をすれば「銃規制をすれば犯罪が減少する」というデータを示された場合、リベラル派のほうが保守派よりも正確にデータを解釈した。

一方、銃規制が犯罪の増加につながることを示したデータは、リベラル派よりも保守派のほうが正確に解釈した。各グループは、左上のボックスに注目して得られた結論が自分の予想に反した場合には批判的思考を展開し、対照的に、その結論が自分の予想と一致した場合には無批判になる傾向が見られた(※3)。

リベラル派は、気候変動を助長するような証拠に対しては徹底的に追及し、同じ数字が移民の増加を支持する場合は批判しない傾向がある。そして、保守派にはその逆のことが言える。私たちには予想したとおりの結果を好む傾向があるため、裏づけが弱い証拠にだけ注目し、強い反証には目を向けなくなってしまう。

たとえば、2022年1月に掲載された『ニューヨーク・ポスト』紙のオピニオンは、

2021年8月の分析結果に基づき、マスクが呼吸器ウイルス感染症の予防に「効果がある」という主張に対して、最高水準の研究では十分な証拠が提供されていないと主張している。

しかし、これらの研究は1つを除いてすべて新型コロナウイルスのパンデミック以前に行われたものであり、記事では過去最高水準のマスク研究（バングラデシュの600の村と数十万人の住民を対象とした新型コロナウイルス感染症予防に関する高度な実験）について言及されていない。2021年12月に『サイエンス』誌に掲載されたこの研究は、『ニューヨーク・ポスト』の記事が掲載されるまでの数週間、かなりの注目を集めていた（※4）。

では次に、人が強い信念を持つテーマの前提について考えてみよう。次の結論は、前提から論理的に導かれているだろうか。

危険な薬物はすべて違法とすべきだ。
大麻は危険な薬物だ。
したがって、大麻は違法であるべきだ。

大麻は危険な薬物であり、危険な薬物は非合法化されるべきだと考える人は、その結論に納得がいくだろう。だが、大麻は比較的危険性が低い、あるいは危険ドラッグは合法化されるべきだと考える人は同意しないだろう。

心理学者のアヌープ・ガンパ率いるチームはオンライン調査を実施し、924名のボランティア回答者が、自身の主張するイデオロギー的な見解や信念と一致する、あるいは矛盾する論理問題をどの程度評価したかをテストした。

全体としては73％の正答率でかなりいい結果だった。しかし、保守派は「リベラル」な結論を間違っていると判断する傾向が強く、リベラル派は「保守的」な結論を間違っていると評価する傾向が強く見られた。

また、どちらのグループも、**正しくない結論が自分の信念と一致した場合に、それを信頼できるものとして誤って受け止める傾向があった**（※5）。

次の例を見てみよう。

すべてのマルクス主義者は、自由市場は不公平だと考えている。
大統領顧問の中には、自由市場は不公平だと考えている人がいる。
したがって、大統領顧問の中にはマルクス主義者がいる。

リベラル派の94％が「その結論は成り立たない」と正解したのに対し、保守派は79％にとどまった。これはおそらく、当時政権を握っていたオバマ政権に対する期待にある程度一致したためだと思われる。

質問のバイアスを逆転させると、保守派がリベラル派を上回り、両グループの全体的なパフォーマンスはほぼ同等になった。全米の1109名のサンプルを対象とした調査を含む3つの調査では、イデオロギーの一致により、何かを論理的と評価する確率は少なくとも15％、場合によっては倍以上に高まることが示された。

このような予測していない結果をさらに精査したり、予測と一致する結論を疑いもなく受け入れようとしたりする私たちの傾向は、科学やビジネス、日常生活でさまざまな誤りを引き起こしている。

経済学者のカーメン・ラインハートとケネス・ロゴフは、身をもってこの教訓を学んだ。2人は政府債務と経済成長の関連性に関する過去のデータを分析する際、エクセルのスプレッドシートの列の一番下まで数式を埋めることをうっかり忘れてしまった。

その結果彼らは、政府債務の国内総生産（GDP）比率が90％に達すると、経済成長の見通しが致命的に低下するという誤った結論を導き出した。この研究結果は、政府は過剰な支出とそれを借金でまかなうことを警戒すべき、つまり緊縮財政を実行すべきであるという賛否両論ある彼らの政策提言を支持するものだった。

ロゴフは国際通貨基金（ＩＭＦ）の元チーフエコノミストで、彼の助言は影響力があった。そして、債務危機をテーマにしたラインハートとの共著『国家は破綻する――金融危機の８００年』（日経ＢＰ）はベストセラーとなり、政策立案者の必読書となった（※６）。

科学的誤りの多くは、このような意図的ではない単純な失敗によるものだ。

誰もがそうであるように、科学者も**自分の研究結果が予測に反する場合は二重、三重にチェックするが、予測と一致する場合にはそれほど注意を払わない傾向がある。**その結果、発表された科学文献に含まれる誤りは、研究者にとって好ましい方向にそれやすい。

したがって、ラインハートとロゴフの意見に反対する経済学者が彼らの誤りに気づいたのは不思議ではない。ラインハートとロゴフが事前にこれらの懐疑派と協力していれば、間違いに気づいたかもしれない。少なくとも、それが発表されることは防げただろう。

自分に懐疑的な批評家を自分の陣地に招き入れること（科学界では「敵対的なコラボレーション」と呼ばれるプロセス）は簡単ではないが、大きな利益をもたらす可能性がある（※７）。

見えないゴリラ

予想していることが見るものに影響を与えるという考えは、私たちの最初の著書『錯覚の科学』（文藝春秋）の大きなテーマだった。人は自分が予期したものだけに目を向けようとするため、予期していない出来事や物、パターンなどが目の前にあっても気づきにくい。

1999年に行った最初の「見えないゴリラ実験」では、バスケットボールのパスの回数を数えるのに夢中になっている人は、ゴリラの着ぐるみを着た人が画面の真ん中を歩いているのを見逃す可能性があることがわかった。

この実験の動画は話題になり、パスの回数を数えるように言われたらゴリラを探せばよいと周知されるようになった。そこでダンは、「モンキー・ビジネス・イリュージョン」と名づけた新しい動画を作成した。続きを読む前にユーチューブでこの動画を視聴することをおすすめする（※8）。

最初のゴリラ実験と同じように、この動画でも、視聴者は白い服を着た選手のパスの回

ボールのパスの回数を数えてみよう

見えないゴリラ実験
（Selective Attention Test）

モンキー・ビジネス・
イリュージョン

QRコードから
YouTube動画を視聴できます

数を数えることを求められる。そして今回も、ゴリラの着ぐるみを着た人がその中を歩き、中央で立ち止まってカメラに向かって胸を叩いてみせ、反対側へ歩き去る。

前回と同様、ゴリラを予想していなかった人の約半数はゴリラに気づかなかった。前の動画を見ていた人のほとんどはゴリラに気づいた。

しかし、ゴリラが現れるかもしれないと知っていたからといって、それ以外の予期せぬ物や出来事に対して予測ができていたわけではない。それどころか、ゴリラが現れることを知っていた人は、それ以外の変化に気づく傾向がやや弱かった。

私たちの期待や信念は、何も驚くようなことや予想外のことが起こらない場合でも、見たものへの解釈に影響を及ぼす。

日本のカメラメーカーであるキヤノンのオーストラリア法人は、写真家がどのように作品を制作するかを紹介する動画シリーズでこれを実証している。

同社は6名の写真家に、マイケルという名の中年男性のポートレートを撮るよう依頼した。マイケルは、ブラックジーンズ、ボタンをいくつか外したブルーのワイシャツ、その下に白いTシャツという格好で6回の撮影に現れた。6人の写真家はそれぞれマイケルの経歴や業績について説明を受けたが、その内容は1つとして同じではなかった。

1人目の写真家はマイケルが元受刑者であると教えられ、2人目は人命を救ったことがあると教えられ、3人目は自称超能力者だと教えられた。残りの3名はそれぞれ「自力で億万長者になった人物」「元アルコール依存症者」「漁師」と教えられた。

6回の撮影では、同じ人物が同じスタジオで撮影されたにもかかわらず、できあがったのはまったく違うものだった。写真家たちは、マイケルの中に見た本質を捉えようとした。事前情報を与えられていたことが、被写体の位置、照明、レンズ、アングルなど、マイケルとの初対面から写真の完成に至る写真家のすべての判断に影響を与えていた(※9)。

詐欺師やなりすましの犯人も、同じことをして私たちを欺く。あるタイプの人間であることを自称し、それに基づいて相手が予想するような言動を取るのだ。

映画『スター・トレック』第2作でリカルド・モンタルバンが演じた、遺伝子操作を受けた悪役カーンも、この原理をよく知っていた。エンタープライズ号とそのクルーを待ち伏せして攻撃するため、カーンは別の連邦宇宙船リライアント号を乗っ取り、脅威を与えない方法でエンタープライズ号に接近した。

リライアント号が奇妙な動きをしていたが、カーンの振る舞いから、カーク船長は攻撃を企てているのではなく、技術的な問題が発生しているのだと思い込んだ。何かがおかしいと気づいたときには、すでに罠がしかけられていて、エンタープライズ号は大きなダメージを受けていた。

相手の予想と一致する言動を取ることは、被害者の警戒心を解いて詐欺を成功させるための重要なステップだ。見ているものが予想と一致していれば、私たちは立ち止まってそれを疑ったり、もっと詳しく調べたりすることをほとんどしないからだ（※10）。

インチキ実験がまかりとおる世界

科学は実験とデータによって予測を検証するプロセスであり、科学者は裏づけの乏しい主張に対して懐疑的であることで知られている。そのため、科学者が私たちと同じように予想の罠に陥るのは意外だと思うかもしれない。

オランダのティルブルフ大学教授で、高名な心理学者であるディーデリク・スターペルは、環境が人間の思考や行動にどのように微細な影響を与えるかについて実験を行い、国際的に認められた。その実験の1つが『サイエンス』誌に掲載されたものだ。

その実験によれば、汚い駅の構内やゴミが散乱した通りを歩いたりするだけで、人は人種差別的な考えを抱きやすくなるという。スターペルはそのような「隠喩《いんゆ》的プライミング」の例を報告している多くの社会心理学者の1人だった。

すなわち、私たちの認識や経験は、隠喩的または希薄な関連性しかない概念（物理的な汚れや人種差別など）を心の中にわき上がらせ、そうした連想によって態度や行動までもが変化するという主張である。

同様の研究では、他の人と別の場所にいると独創的なアイデアが浮かぶ、熱いコーヒーの入ったカップを持っていると相手を温かい性格だと評価する、大学教授の人生を想像すると雑学テストの成績が上がる、魚のにおい〔英語「fishy」という語には、「魚臭い」と「怪しい」という意味がある〕を嗅ぐと他人に対して疑い深くなる、といった関連性があるという(※11)。

ここでスターペルの研究を紹介するのは、この研究に他とは決定的に異なる点があるからだ。それは、スターペルが実際には研究をしていない、いないという点である。彼はデータを捏造したのだ。同僚や学生、共同研究者たちが予想したとおりのものを提供し、何年にもわたって彼らをだまし続けた(※12)。

科学分野の不正行為の中には斬新な発見や画期的な進歩に関連したものもあるが、捏造された研究結果のほとんどは、確立された人気のあるテーマをわずかに変化させたものである。その分野の専門家にとっては、それらは斬新でも予想外でもなく、主流かつ典型的なものに映る。そのため後に捏造であったと判明する研究結果を初めて聞いた同じ研究分野の科学者の大半は、「ありえない」と首をかしげるのではなく「ああ、それは理にかなっているな」と納得してしまう。

コーネル大学の著名な心理学者ダリル・ベムが、「予知」（ランダムに発生する未来の出来事を予測する超能力）の存在を実証したとされる一連の研究を発表したとき、科学界の反応は懐疑と不信に満ちていた。

20年前に物理学界で常温核融合が時期尚早に報告されたときと同様、他のほとんどの科学者はベムの結果を予測していなかったので、彼の手法や統計を徹底的に疑問視し、それらのほとんどに欠陥があることに気づいた。

ベムがスターペルのようにデータを捏造したと考える理由はなかったが、彼の結論はあまりにも「常識はずれ」であったため、見過ごされずにはいなかった。**実際の不正行為というのは、注目や称賛を集める程度には斬新だが、懐疑的な人が詳しく調べようと注目するほど衝撃的ではない**ことが多い。

科学者であれ非科学者であれ、自分たちの予想と一致する結果が、独自の技術に依存していたり、他の研究者が利用できないリソースへの特別なアクセスを必要としたりする場合には、特に注意が必要だ。

このような研究のほとんどは、研究者の地道な努力によってもたらされた大きな進歩の現れであり、これらのデータの収集には何年もの継続的な作業が必要になることがある。

しかし、手を抜くことをいとわない人は、他人が反論のために自分と同等のデータを集めることが容易にはできないことを知ると、さらに手抜きしたくなるかもしれない。

ディーデリク・スターペルは、被験者にコンピューター上で駅の写真を見せるのではなく、実際の駅でテストしたとされているため、この研究を再現するのは難しかった。

進化生物学者のマーク・ハウザーは、世界で数人しか研究していないサルのワタボウシタマリンの認知能力をテストした。UCLAの政治学専攻の大学院生マイケル・ラクーアは、41人の研究助手を配して972人に戸別訪問調査を行い、同性愛者と接することで政治観が変わるかどうかを調査したとされている。

これらの全員が、調査を受けて論文を撤回されている。疑わしい（または存在しない）データの偽装に大胆な方法が加わると、斬新さと厳密さの両方の印象が高まり、それが正当であるかどうかにかかわらず称賛を受けやすくなる（※13）。

いまやデータ偽装は日常茶飯事

誰もが同じことを予想しているわけではない。そして、それはよいことでもある。ある人にとっては予想どおりのことが、別の人にとっては調査の引き金となるかもしれない。参考になる例として、不正行為に関する不正な科学的研究がある。

２０１２年に発表されたある論文の中で、大手ビジネススクール４校の行動科学者からなるチームが、事実や情報をより正直に報告するように促す方法を検討した。チームは米国の保険会社と協力し、１万３０００人以上の自動車保険契約者に、車の走行距離計の数値を申告するよう依頼した。

一般的に、走行距離が多いほど事故率は高くなるため、走行距離計の数値の高さと保険料の高さは比例する。そのため、ドライバーには、前回の申告からの走行距離を過少申告して不正行為をする動機があった。各ドライバーは、「私が提供する情報が真実であることを誓います」という声明の下に署名するよう求められた（※14）。

この種の誓約は、不正防止の目的でよく用いられる。2012年以前は、米国の連邦所得税申告書のように、文書の最後に記載されるのが一般的だった（「偽証罪に問われることを承知のうえで……と申告します」）。

この走行距離計の調査では、ドライバーは2種類の用紙のいずれかをランダムに割り当てられた。1つは従来どおり文書の最後に、もう1つは走行距離の申告欄よりも前に、署名を必要とする誓約欄が配置されていた。これは、先に署名することで、申告過程において倫理的に振る舞おうという義務感が生じるとされているからだ。思ったとおり、申告よりも前に署名したドライバーは、走行距離計の値を10％ほど高く申告した（※15）。

10％というとたいした数字ではないと思うかもしれないが、ドライバーの規模が数万、数十万人になると、署名する場所を少し変えるだけで、会社が受け取る保険料が大幅に上昇することになる。

これらの結果が『米国科学アカデミー紀要』に掲載されると、政府機関や民間企業は、正直な申告を増やすべくサインファーストの手法を採用しはじめた。だが問題があった。この調査の走行距離データの一部は、捏造されていたのだ。

この調査は、デューク大学教授で、不正、不合理、お金に関するベストセラー書籍の著者であるダン・アリエリーが主導した。

調査結果の発表から9年後、行動科学者のジョー・シモンズ、レイフ・ネルソン、ウリ・サイモンソン（報復を恐れて匿名にしている別の研究グループとともに）が、このデータが本物であるはずがないことを証明した。

例を挙げると、車の所有者の大半は年間2000～1万5000マイルを運転し、それ以上の距離を運転する人はほとんどいない。ところが、このデータでは、1万マイルと申告した人と4万9000マイルと申告した人の数がほぼ同じだった。

さらに調査を進めると、シモンズらは、データに重複する行が多数あることを発見した。同じ値がくり返されているのを隠すために0から1000までのランダムな数字が追加されていた。

彼らの徹底した解明捜査により論文は撤回され、論文の著者5名全員が自分たちの研究が不正なデータに依拠していたことを認めた。またこの事例は、著者全員がデータの不正を認めている一方で、実際に誰が不正を行ったのかは不明のままであるという点で異例である（※16）。

「先を見通す力」にもっとも大切なこと

予想とは、人間にとって不可欠のものである。たいていの場合、私たちは予測なしでは何かを知覚したり、理解したりすることができない。

探し物をしているとき、「ここにあるかもしれない」とあたりをつけて探すのは（やみくもにあらゆる場所を探そうとするのに比べて）、効果的な方法だ。人は、思わぬ場所に何かを置き忘れていたときのことを記憶しているものだ。こうした過去の記憶は、探し物で役に立つ。

予想をしなければ驚きもない。そして、驚きが学びの引き金になる。私たちの心は予想したことと実際に起きたことを無意識に比較している。それは、世の中のしくみを理解するための私たちの心の中のモデルを軌道修正してくれる。

チェスのグランドマスターで、プロのギャンブラーでもあるジョナサン・レビットは、まず先を読み、次に予測できなかったことを反省することで、予想の精度を上げるべきだと主張している。

「チェスから学んだのは、先を見越して考え、できるかぎり先を見ようとする姿勢だ。人生では、次に何が起こるかまったくわからないまま物事を進めるよりも、何かを予想したほうがよい場合がほとんどだ。チェスは、自分の思考の限界について、多くのことを教えてくれる」

世界でもっとも優れた予測家たちは、自分の予測、つまり未来への期待を書き留め、それを実際に起きた出来事の展開と比較するというサイクルを常にくり返している。そして、その過程で、失敗した予測を分析し、自身の予測能力について正直であり続けようとしている（※17）。

私たちは、みずからの知識や経験にもとづいて期待を形成し、予測を立てている。だからこそ、そうした予測がどこで間違ったかを追跡することが役に立つ。

だが、私たちが積み重ねる経験には一貫性がある場合が多いため、それが強い思い込みに変わることがある。私たちが世の中のしくみを理解し、常識に従って行動するには、目の前の現実をある程度受け入れる必要がある。だが受け入れる度合いが大きくなりすぎると、自分の考えが正しいかどうかを確認するのを怠るようになる。

詐欺師は、私たちのそうした心の習性につけ込んでくる。次章では、自分が当たり前だと思っている考えを検証することを怠ると、どのようにして私たちがだまされる道に陥る可能性があるのかについて解説していこう。

ハビット

3

思い込み
コミットメント

判断を後回しにする

「マンデラ効果」――記憶は当てにならない

私たちはある想定や考えに従うと心に決めると、めったに思い改めることはない。疑う余地のない想定のなかには世の中を知るために不可欠なものもあるが、詐欺を見破り、未然に防ぐには、心に決めたことを進んで受け入れると同時に疑わなければならない。なぜなら、いつのまにか惑わされてしまうからだ。

「過去を顧みない者は同じ過ちをくり返す運命にある」というおなじみのフレーズがあるが、人によって記憶している過去が事実とまったく異なる場合はどうなるだろうか？

２００９年、フィオナ・ブルームという女性が、自分は「ネルソン・マンデラは１９８０年代に獄中死した」と記憶していることに気づいた。

１９８０年代当時、南アフリカ共和国の政治家のマンデラは、白人政権を倒そうとして国家反逆罪で終身刑に服していた。彼は1990年に釈放された後、人種隔離政策（アパルトヘイト）を撤廃させ、1994年から1999年まで同国の大統領に就任したのち、2013年に95歳で亡くなった。

マンデラは2009年には生きていた。しかしブルームは彼の死と、世界の主要都市で発生した暴動を伝えるニュースを鮮明に覚えていた。しかも自分だけでなく、似たような記憶を持つ人が他にもいることに気づいたのである。だが誰ひとりとして、歴史書にもニュース記事にも、その他の信頼できる情報源にも、そうした出来事の記述を確認できなかった（※1）。

なぜ多くの人が、信頼できる公式の記録とはまるで異なる過去を覚えていたのだろうか。ブルームがマンデラに関する記憶を公表するずっと前から、認知心理学はこの質問への答えを示している。決して、こうした誤った記憶を持つ人たちが精神障害を患っているというわけではなく、誰でも、似たような失敗や記憶のゆがみを体験するのだ。

『スター・ウォーズ』シリーズに登場するダース・ベイダーが「ルーク、私がお前の父親だ（Luke, I am your father）」と言い、『スター・トレック』シリーズのカーク船長が「スコッティ、私を転送してくれ（Beam me up, Scotty）」と言ったシーンを覚えているだろうか？　実は、2人ともこれらの有名なセリフを言っていない。

もしあなたが彼らがそう言ったと記憶しているとしたら、それはよく似たセリフ（ベイダーは実際には「いや、私がお前の父親だ（No, I am your father）」と言い、カーク船長は「スコッティ、われわれを転送してくれ（Scotty, beam us up）」と言った）を聞いたあと、誰かが口にした誤ったセリフを耳にしたせいだろう（※2）。

多くの人は、記憶というのは、動画の録画やパソコンのハードドライブのように、重要だと考える出来事を完璧に写し取って保管していると思っている。そうした出来事が鮮明によみがえったり、すぐに思い出せたりすると、自分の記憶は確かだと思う。

だが実際には、150年前の科学研究によって、記憶はよみがえるだけでなく、再構成されることが明らかになっている。**人は、記憶を引き出しているときに、出所の異なる情報を組み合わせて過去の出来事を再構築している**ことがあるのだ。

一見、つじつまの合った1つの記憶のように思えても、別の時や場所で起きた似て非なる体験の記憶が交ざっているということもある（※3）。

私たちの記憶は、人から聞いた話の細部を取り入れることすらできる。記憶の細部は「起こってほしいこと」や「起こるのではないかと思うこと」で埋められていくことが多い。

だが、フィオナ・ブルームは違った。彼女は、マンデラの死とそれに対する世界の反応はまぎれもない真実だと言い張った。マンデラが1980年代に死亡したのは、「代替現実」や「分岐した時間軸」の一部だという妙説も信じていた。

要するに、自分の記憶が間違っているはずはないと決めてかかり、その想定は正しいと思い込むことで、記憶違いを正す説明を遮断したのだ。記憶が正しいと思い込むあまり、どれほど突拍子もなくても、自分と他人の記憶が違う理由を説明する考えがあれば、それを受け入れようとしてしまったのである。

「現実は変化し、断片化しているので、不特定多数の人が（同じ出来事を誤って記憶するのではなく）実際に違う出来事を経験している」という考えは、「マンデラ効果」と呼ばれるようになり、普通なら現実と見なされる事実から逸脱した鮮明な記憶にしがみつく現象を説明するものとして、多くの人に引き合いに出されるようになっている。

マンデラ効果と呼ばれる記憶の食い違いは、ほとんどが2つ以上のよく似た記憶の痕跡が1つに融合することで起こる。たとえば英語圏では、子どものころからあるJiffyというピーナッツバターブランドを覚えている人は多いだろう。だが、実際にはそのような商品は存在しない。

当時あったのは（そしていまもあるのは）SkippyとJifという商品で、〝Jiffy〟というのは英単語の1つである。

確かに、ネルソン・マンデラが獄中死していたかもしれない可能性は大いにあった。彼の同志であるスティーブ・ビコは１９７７年に警察署での拘留中に死亡し、ピーター・ガブリエルの名曲『ビコ』にはこの事件への追悼が込められている。１９８０年代は南アフリカで暴動が相次ぎ、アパルトヘイトに反対するデモが世界各地で行われた。１９８０年代の南アフリカにそれほど関心がなければ、こうした事実と、南アフリカで一番有名なリーダーが獄中死したはずだという考えを結びつけていたかもしれない。当時、そうした事件を知ることができたのはテレビのニュース番組で、１９８０年代にはもっとも一般的な情報源だった。

マンデラ効果の擁護者の中には、「通常の記憶のゆがみというだけでは、なぜこれほど多くの人が過去の同じ記憶を独自に共有できたのか説明がつかない」と言う人もいるが、そんなことはない。マンデラ効果の例は、どれもよく知られた報道、主導者、商品、映画、著名人をもとにつくられていて、そこで示されるいわば記憶の融合は、意外性に欠ける普通のものばかりである。

さらに、人の記憶というものは、他人の発言や外界の影響を受けやすく、自分の中だけで完結することはめったにない。私たちが自分の経験を友人や家族に話すとき、記憶は思い出すたびに変化するため、そうした会話が原因で記憶のゆがみが共有されることがある。

最近では、インターネットやソーシャルメディアの発達によって、自分と同じ考えを持つ人を見つけやすくなり、こうしたゆがみが助長されている。そうした考えがたとえどれほど信じがたくても、「物理法則」に反していても、だ（ところで『スター・トレック』にはスコッティが「物理法則を変えることはできません」と言う場面がある）。

だから、誰かが「量子力学を用いて人間の行動を説明する」と言うのを聞いたら、野性の勘を最大限に働かせて、絶対にあやしいと疑うべきである。

人の記憶は変形しやすく人は記憶を過信する、という考えじたいは驚くことではない。それが事実であることは何十年も前から知られている。

むしろ驚くべきは、個人的な記憶が絶対に正しいと思い込むあまり、自分の記憶を正当化するために、突拍子もなくて受け入れがたい考え――つまり、分岐した時間軸や代替現実、それにネルソン・マンデラに関するニュース記事をすべて変更したり、Ｊｉｆｆｙピーナッツバターの表示をネット上からすべて消去したりしようとする世界規模の陰謀――を取り入れようとすることだ。

とはいえ、ピーナッツバターの名前を間違って覚えていることなどは、たいした問題がないように思われる。だが、疑似科学や陰謀論のために広く支持されている真実の科学的説明を否定するとなると、話は別だ。地理上の一部の地域が丸々存在しないとか、歴史が数世紀にわたって捏造されているなどと信じる人がいれば、これは重大な問題である。そして、**権力者が征服や大量虐殺を正当化するために異なる解釈の歴史を推し進めようとすれば、それは生死にかかわる問題**になる（※4）。

筆者の知るかぎり、マンデラ効果という現象が始まり、いまも続いているのは、「自分の記憶は絶対に正しい」という想定を信じ込んでいる人が、間違っているにもかかわらず、同じ記憶を正しいと思い込んでいる他の人を見つけられたからだ。

疑うことさえ忘れる

私たちが抱いている過去についての共通の認識は、共通の想定や考えにもとづいている。想定は思考や推論の重要な要素である。人は、つねに何かを想定しているが、それが危険なものになることがある。何かを想定していることに無自覚だったり、想定を裏づけるはずの証拠がいつのまにか不十分になっていたり（または、そもそも最初から裏づけになっていないことに気づいていない）、想定がある一線を越えて引くに引けなくなったときなどだ。**想定**

に固執するあまり、疑うことさえ思いつかなくなるのだ。

科学や医学がテーマの「Slate Srar Code x」というブログに投稿した匿名の投稿者は、思い込みと証拠のあいまいな関係性について次のように雄弁に説明している。

内側から見ると、確固たる考えはどれも、それがどれほど支持されているか、またはその考えにどのようにしてたどり着いたかにかかわらず、ほぼ同じように感じられる。つまり「入手できる証拠をすべて調べた結果、私はこの考えにかなり自信があります」という感覚と、「証拠とはほとんど関係のない極めて文化的、社会的、個人的な理由で、私はこの考えを支持します」という感覚を本質的に区別することは難しい。

これを証明する決定的な証拠が欲しい場合には、ある分野では全面的に正しく、別の分野ではひどい間違いを犯すが、両方の考えについて同様に説得力のある人物をできるかぎり思い浮かべてほしい（※5）。

思い入れがあまりに強くなると、疑問を抱く必要を感じなくなり、その問題についてこれ以上学ぼうとせず、自分の見解と相反する新たな証拠を示されても、軽視するか、見て見ぬふりをするようになる場合がある。これは**「故意の盲目」**と呼ばれる。多くの法的場面では、入手できる証拠に気づかなかったことは、詐欺を「見逃した」り、知らぬ間に犯罪に関与したりしていることの抗弁にはならない（※6）。

ある想定に対する強い思い入れは、世界についての他の想定に波及効果を及ぼすことすらある。思い入れが強くなりすぎると、より根拠のある想定を論理的にあきらめざるをえなくなる恐れもある。

たとえば、私たちはみな同じ現実の同じ時間軸を生きている。しかし統合失調症を患っている人は、世間に対して奇想天外な、または誇大妄想的な考えを持つことが多い。もし彼らが「私の日々の行動は、不可解な謎を解くカギになっている」とか、「私は脳に埋め込まれた装置によってＣＩＡに行動を追跡されている」といった考えを信じていれば、周囲の人々は、彼らの推理力は正常に機能していないと思うだろう。

けれども、統合失調症の人はそうではない同程度の知能の人と比べて、論理的な問題を解くことが苦手だというわけではない（※7）。こうした偏執性の妄想が起こるのは、欠陥のある理論が原因ではなく、日常の経験の間違った認識や解釈が原因だと考えられている。偏執性妄想を患う人は、存在しない物音（とくに声や人）を見聞きしたり、よくある偶然（スーパーマーケットで同じ人に会う、家の中で同じ音を聞くなど）が、自分に関係する重要なことだと思い込んだりする。精神疾患を患うとこうした体験が起こりやすくなり、それが本当で重要な考えだと思い込むと、そうした妄想的な説明がより理にかなったものに感じられるようになる。

私たちの思い込みがもっとも危険をはらむのは、思い込んでいると気づいていないときだ。そうした隠れた思い込みによって、意思決定力がゆがんでしまうことがある。

２０２２年2月24日、ロシアはウクライナに対して戦争をしかけた。それまでロシアは軍備を増強し、軍事演習を行い、侵攻を示唆する政治的措置を取っており、アメリカ政府は何カ月も前から侵攻が起きることを公然と予測していた。にもかかわらず、世界中の人々や政府は侵攻のニュースを知ると衝撃を覚えた。ロシアとウクライナでさえ、国民の大半はウラジーミル・プーチンがそのような命令を下すとは思っていなかった。

実際、2月24日以前には誰も避難しなかったが、侵攻後１００日間で６５０万人が国外に避難した。起きている出来事を最初は誰も信じなかったという事実は、人々が無意識のうちに「ロシアは威嚇《いかく》することはあっても実際に武力行使することはない」と思い込んでいたことを示している（※8）。

高い買い物、契約、投資に踏み切る前や、結論を出す前に、「自分はどう思っているか」と自問しよう。当てはまる思い込みを明らかにして、一時的な想定としてとらえ直すことが、自分の判断が脆い基盤の上にあるかどうかを適切に判断する、唯一の方法である。

100ドルを失う「損な考え方」

映画を観る代わりに運動をしたり、お金を使わずに貯めたりするとき、人は今以上の健康や富といった将来の利益を得るために、現在を何かしら犠牲にしている。このように、異なる時期に得られる報酬を決定することを「異時点間選択」という。

たとえば、1年後に200ドル受け取るのと、今100ドルを受け取るのでは、あなたならどちらを選ぶだろうか。100ドルを選ぶなら、暗に将来のお金の価値を年間50％差し引いていることになる（200ドルの50％が100ドルなので）。筆者の1人であるクリスは、さまざまな研究によっていまとあとで複数の金額を（最大1年とする種々の遅延で）提示された若者は、1日早まるごとに約1％の割引率を条件として呑むことに気づいた。これは合法的な投資で得られる額よりもはるかに多額である（※9）。

経済学者のネド・アウゲンブリックと同僚は、カルトグループが自分たちの信仰体系にどれほど傾倒しているかを、割引率を用いて調査した。カルトとは、主流ではない宗教、陰謀説、カリスマ的なリーダーなど、社会の本流から大きく外れた価値観を共有していると思われる人々の集団である。

ラジオのトーク番組に出演するキリスト教伝道師ハロルド・キャンピングは、2011年5月21日にイエス・キリストが「再臨」する〔昇天したイエスが再びこの世に現れるという信仰〕と予言していた。彼によると、再臨後の5カ月間は、忠実な信者たちが天国に召され、それ以外の人々は「この世の地獄」に匹敵する苦しみを味わい、10月21日にはあらゆる存在が終焉するという。

この「再臨」の日の2週間前以降に、アウゲンブリックの研究チームはキャンピングの信者23人に、いますぐ5ドルを受け取るか、4週間後（つまり再臨後）に500ドル受け取るかの選択肢を与えた。その結果、あの世では地上の富は価値がない、という考えと一致して、ほぼ全員が再臨後の500ドルよりも再臨前の5ドルを選んだ。これに対し、セブンスデー・アドベンチスト教会の信徒たち（世界が終わることはないと信じるキリスト教徒）は、全員500ドルをあとで受け取りたいと答えた（※10）。

2010年にピュー研究所が行った調査では、アメリカ人の40％が「イエス・キリストは今後40年以内に再臨して地上に戻ってくる」と信じていた。作家ダニエル・コーエンによると、「現代の天変地異説論者を、詐欺師だとかバカげているとか、頭がおかしいとけなすのは間違っている。そうした人たちは、普段は正直で、知的で、極めてまともだが、正しくない考えを信じ込んでいるだけなのである」。

つまり彼らは、たとえその結論（4週間後の500ドルより今日の5ドルに価値があるといった考え）が、同じ思い込みをしていない人にとっては意味をなさないとしても、どのような結論が導き出され、導き出されないかを決定する考えにコミットしているのだ。

のちに判明したように、2011年に世界が終わることはなかったため、キャンピングの信者たちは臨時の小遣いを失い、アウゲンブリックの手元には将来の実験用の研究資金が残った（※11）。

これほど「テキトーすぎる」自分

すべての思い込みに、カルトの信念ほどの強さがあるわけではない。なかには私たちが思うよりずっと一時的で、思いのほか簡単に打ち勝てるものもある。それどころか、実験によって、思い込みはたちどころに変えられることがわかった。

2005年に科学学術雑誌『サイエンス』に掲載された論文で、ペター・ヨハンソン、ラーズ・ホール、スヴェルケル・シークストロームらの4人は、ある実験の結果を報告した。実験ではまず、120人の被験者に2人の人物の写真を見せ、魅力的だと思うほうを選ばせた。次に、被験者に選んだ写真を手渡し、その理由を説明するよう求めた。被験者はなぜその人物が魅力的だと思ったかを説明した（「目が素敵だから」「茶色い髪が好みだから」など）。

何度かこれをくり返したあと、次はマジックのような早業を使い、被験者が選んだのではないほうの顔写真を与えて、選んだ理由の説明を求めた。すると驚いたことに、全体の4分の3の被験者は写真が差し替えられたことに気づかなかったばかりか、自分が選んでいなかったほうの人物がいかに魅力的かを、とうとうと語ったのである（※12）。

このような「選択盲」の研究は私たちが**自分では「確固たる証拠にもとづいた、合理的で揺るぎない考え」だと思っているものが、いかに変わりやすいか**をよく示している。

選択盲という現象が興味深いのは、それが、私たちが他人の考えには雄弁に異議を唱えるのに、自分の考えはほとんど疑問視しないことを如実に示しているからだ（※13）。

別の実験では、ホール、ヨハンソン、それに同僚のエマニュエル・トルーシェとヒューゴ・メルシエが、人が自分の前提や論拠を評価する際にどれほどいい加減になり得るかを検証した。第一段階では、被験者に架空の通りにある店舗に関する論理問題を5つ見せる。それぞれに2つの前提と、考えられる結論の一覧が書かれている。たとえば前提はつぎのようになる。

- 4件目の青果店には、さまざまな商品とともにリンゴが売られている
- これらのリンゴはどれも有機栽培ではない

次に、被験者は次の一覧から「この店の果物が有機栽培かどうかについて、確実に言えることと」を選ぶよう指示される。

- すべての果物は有機栽培である
- 果物はどれも有機栽培ではない
- 一部の果物は有機栽培である
- 一部の果物は有機栽培ではない
- この店の果物が有機栽培かどうかについて、確かなことは言えない

続いて被験者は、テキストボックスに選択した理由を書き込む（ちなみに、正解は「一部の果物は有機栽培ではない」だ）。

次の段階では、被験者は、他の被験者が同じ論理問題に答えたときの選択肢と、その説明の良否を評価するよう求められる。それぞれの事例の一番上には自分が選んだ答えが、その下には他の被験者の選択肢と説明が書かれている。被験者は、それぞれの問題について、他の被験者の説明が自分の答えを変更するほど説得力があるかどうかを判断できる。

被験者には知らされていなかったが、文書の先頭に書かれている選択肢は、彼ら自身が評価した5つの事例の1つであると説明されていたが、じつは他の人の選択肢だった。そして、他の人の選択肢だとされた答えと説明が、被験者本人が実際に設問に答えたときの回答だったのである。

実験の結果、「他の人」の回答と説明が自分のものだと気づかなかった人は50％近くにのぼった。しかも、その被験者のうちの半数以上が、ほんの数分前に実際に選んだ選択肢と説明を（他人の選択肢と説明として）見せられても、自分が回答した（だが、実際には他人が選んだ）選択肢を変更しないことを選んだのだ。

つまり彼らは「これは自分が選んだ答えだ」と思い込まされたために、他人が選んだ答えが正しいと考えたのだ。その思い込みは、実際に自分が選んだ答えを他人の答えとして示されても変わらなかった（※14）。

ラインハートとロゴフが政府債務と経済成長のデータを表計算ソフトに入れ間違えた例が示すように、人は他人の主張を信頼していないと、その人のミスを見つけやすい。この原則は広い範囲で当てはまる。

私たちは、納得のいかない論理や証拠を評価するときには批判的になりがちだが、自分の考えに合った主張にはたいてい黙って従う。青果店の実験が示すように、自分の主張さえ、それが他の人の主張だと思うと批判してしまうのである。

マジシャンの戦略を学べ

選択盲の実験では、思い込みや想定が移ろいやすいことを明らかにするために、マジックの早業に頼った。相手の想定をくつがえすことで生計を立てているマジシャンは、人間の思い込みの本質をよく知っている。

２００７年、国際意識科学会はラスベガスで年次総会を開催した。筆者の１人であるシモンズにとってその年の会議の目玉は「意識の魔法」に関する特別シンポジウムで、テラー、ジェームズ・ランディ（通称〝ジ・アメージング・ランディ〟）、マック・キング、アポロ・ロビンス、ジョニー・トンプソン（通称〝グレート・トムソーニ〟）といった世界の名だたるマジシャンが登場した。プロのマジシャンは、かねてより意識、注意、記憶に関する心理学に関心を寄せてきた。人の注意をそらす達人である彼らは、観客がどのように考え、推理するかだけでなく、想定と思い込みの本質を探るマジックの理論と実践の豊かな歴史をよく理解している（※15）。

本書の１章で論じたハリー・ハーディンのプリンセス・カード・トリックで、マジシャンは観客の１人が選んだカードを消す。トリックが成功するかどうかは、その観客にかかっている。マジシャンが「では、選んだカードを消します」と言ってカードを消すとき、その観客は、マジシャンが言ったとおりのことをしたと信じている。他のカードは変わっていないという想定を疑うこともなければ、よく考えることもない。

シンポジウムの中で、ジェームズ・ランディは、なにを信じるべきかを明示せずに、観客に期待を抱かせることが大事だと強調した。つまり彼が言うように、マジシャンは観客に向かって「箱の中身は空です」と言ってはいけない。空であることを見せるのだ。彼いわく、「自分自身で想定をした観客は、その想定が正しく、間違いなく事実であるという確信を抱く」。

ジョニー・トンプソンは、マジシャンが、観客に次々と想定を立てさせ、「この手口はきっとこういうことだろう」と思わせているかを説明した。そして手品を披露しているあいだ、彼らはそうした推測がことごとく間違っていることを観客に示してみせる。

たとえば「カードはずっとあなたが持っていてください。好きなだけ混ぜて、トランプの束を2つに分けたら、1枚選んでください」と言いながら、観客が心に抱く「手品のトリック」に関する想定を手際よく排除していく。すべての想定が排除されたとき、残るのは「マジック」だけである。あるいは、説明のつかない驚きだけだ（選ばれた観客がトランプを手にする前からマジックは始まっていたのだろうが、誰もその可能性は考慮しない）。

マック・キングは異なる方法で同じ効果を演出することで——彼の場合、靴から大きな石を出してみせることで——観客の推測を打ち消せることを論じた。キングはまず1つ目の石を靴から取り出し、床に落として大きな音を立てる。次に靴から2つ目の石を取り出す。観客はその石が1つ目の石と同じように硬いと考える。キングは2つ目の石を靴から取り出すあいだ、ずっと両手を観客に見せている。2つ目の石をこっそり靴に入れたはずがないように思えるので、観客は1つ目の石もこっそり靴に入れられたはずはないと信じてしまう。このように、人は結果が同じように見えると、同じ手法が用いられていると思い込んでしまう傾向があるのだ（※16）。

マジシャンは観客を熟知している。観客がマジックにどう入り込むかも、どんな想定を立てるかもお見通しなのだ。

「あの人がだますなんて信じられない」

私たちの世界観は、何らかの考えに対する思い込みをしているときと同じように、他人に対する思い込みをしているときにも大きく変わることがある。

「信頼」という概念は、人が詐欺に引っかかる原因の説明として用いられがちだ。

しかし筆者は、なぜ人はだまされやすいのかについて考察する際、信頼も一種の思い込みだと見なすべきだと考えている。人は、他人や組織を信頼しているとき、相手が真実を語っていると考え、その主張を精査したり、信頼できない情報源や、真実を語っていると は思えない情報源に対して批判的になろうとするのを怠ってしまう。

信頼とは、理論的に考えられないとか、知性が足りないといった徴候の一種ではない。選択盲やその他の多くの研究からわかるように、私たちはそれが**自分の主張ではなく他人のだと思えば、その主張の欠陥に気づける**のである。

信用した相手の主張を鵜呑《う》みにしやすくなる私たちの傾向は、大規模な詐欺が長くはびこる理由を説明するのに役立つ。ランパート・インベストメント・マネジメントに勤務するフランク・ケーシーは、ビジネスパートナーがバーニー・マドフのポンジ・スキーム〔投資詐欺の一種〕に関する秘密情報を証券取引委員会（SEC）に通告しようとしたことから、顧客の家族に「全財産をマドフにつぎ込むのはあまりに危険すぎる」と忠告した。

数カ月後、マドフのスキームが破綻したとき、その顧客いわく、ケーシーの忠告に対して彼の義父はこう言ったという。「善意で言ったのだろうが、なにもわかっちゃいない。バーニーがわれわれをだますなんてありえない」。こうした思い込みが、マドフのスキームが極めて長く運用され続けた原因になっていた（※17）。

信頼は、信頼する側がされる側と親しくなればなるほど強くなり、さらに強固になっていく。マドフが詐欺に手を染めたのは、ニューヨークの金融業界でリーダーの地位を確立したあとだとされている。

マドフに投資した人の大半は親族や友人、知り合いだった。それ以外の人々は彼らと縁故があった。要するに、マドフは親交を利用して、自分を信用する投資家たちのネットワークを広げたのである。

マドフが逮捕されて数年後、SECの元弁護士はこう語った。マドフの犯罪は広範に及ぶが、その核心は、社会病質者のインサイダーがユダヤ人コミュニティに対して行った「親近感を利用した詐欺」である、と。

一瞬でカモになる典型的な「8つの思い込み」

世界のしくみについて想定を立て、それを疑わずに行動するのは、人間が生得的に持つ機能であり、欠陥ではない。こうした想定はたいてい正しい。

たとえば、人が一般的な物体をどのように認識しているかという単純なことを考えてみ

「この絵は何ですか?」

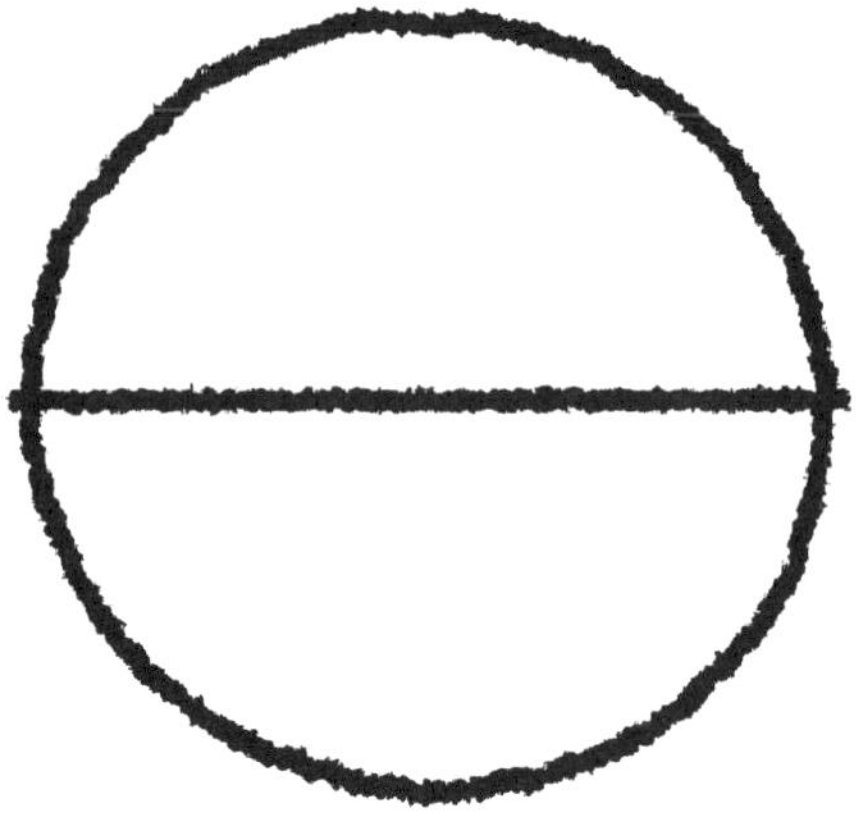

よう。筆者は大学の講義で視覚認知について教えるとき、ホワイトボードに円を描き、それを2等分する線を引いて、「この絵は何か」と学生に尋ねることがある。赤道が描かれた地球儀だと答える学生もいれば、〝モンスターボール〟〔ゲーム『ポケットモンスター』に登場する球状のアイテム〕やマイナスネジだと答える学生もいる。

だが誰も、真上から見た取っ手つきのバケツだとは言わない。バケツは、真上から見たときを除けば、たいていどの地点から見ても簡単にバケツだと言い当てられる。

しかし、真上から見ることはめったになく、その見た目からはそれがバケツであることを連想するのは難しい。多くの場合、人はある物を見ると、自分が見ている物は本来のあるべき姿で、ある特徴を示す物を見ていると思う。そして、それはたいてい正しい（※18）。「角度によって物が本来とは異なって見える現象」を利用して何百万ドルも盗む詐欺事件は聞いたことがない。だが、詐欺師がつけ込もうとする私たちの無意識の思い込みはさまざまある。だまされないためには、「自分はどんな想定をしているか」と、もっと頻繁に問いかけるべきだ。ここでは、気をつけるべき思い込みの種類を8つ紹介しよう。

1―「私が何の話をしているか、みなさんおわかりですね？」

自分が専門用語や略語、人の名前を口にするとき、暗黙のうちに、相手も自分の言っていることを理解していると思い込む傾向がある。このような仮定は**「知識の呪縛」**と呼ばれ、他の人が理解していないことを想像、把握する難しさを示している。

人は通常、無知をさらけ出すことを恐れて、話し手（とくに高い地位の人）の話を途中でさえぎってまで相手に説明を求めようとしたがらない。このことを理解していないと、実際には情報が伝わっていないのに、相手に伝わっていると思い込んでしまう。

2 ―「自然素材の製品は人工の製品よりも優れています」

自然・有機食品や天然由来の生薬は、人工・遺伝子組み換え食品などより優れていると思う人が多いかもしれない。確かにそれが正しいときもあるが、いわゆる自然素材と称される製品には、品質の面でも価格の面でも劣っているものも多い。

たとえば、一部の遺伝子組み換え食品は育てやすく、殺虫剤の使用も少なくてすみ、支出額当たりでより多くの人に食糧をまかなうことができる。人は天然由来を過剰に尊ぶあまり、低温殺菌処理されていない牛乳、規制されていない医薬、さらには浄化処理前の「天然水」と名づけて売り出されている水などの危険な製品を割増価格で購入するようになる。

濾過《ろか》されていない未処理の湧き水には、農薬だけでなく有害な細菌が大量に含まれている恐れがある。自然食品に限らず、技術的解決策への妄信にも当てはまる。だからこそ、最善の選択をするために、私たちは自分の趣向の背後にある事実を確かめるべきなのだ(※19)。

3―「査読を経た論文には科学的真実が書かれています」

査読とは、新たな発見や結果を科学雑誌に掲載する前（または一部の分野では会議で発表する前）に、第三者の専門家が検証するプロセスである。査読を経たかどうかは、その論文が疑わしいか、信頼できるかを見分ける明確な基準とみなされる場合が多い。公表前に科学的な調査結果を審査することは重要だが、間違いは起こりうる。

パオロ・マッキャリーニは人工気管の開発を請け負う外科医だった。人工気管とは、個々の患者に合わせて作成する幹細胞で覆われたプラスチック製の気管だ。これを移植することで患者は自然に呼吸ができるようになる。

2012年、マッキャリーニがスウェーデンのストックホルムにあるカロリンスカ大学病院で行った3度目の手術において、医療チームの予想より患者の回復が遅いときがあった。最初の2回の手術についてマッキャリーニが有名な医学雑誌に発表した報告書にもとづけば、この3人目の患者はもっと早く回復しているべきだった。

テレビプロデューサーのボッセ・リンドクイストは、マッキャリーニのドキュメンタリー映画を制作するため、彼を1年以上追跡したことがある。

リンドクイストによると、マッキャリーニの同僚の1人は、査読済みの論文に書かれた手順に数カ月間従ったあと、病院に保管されていた最初の2名の患者の公式医療記録に目を通したという。

同僚は、それらの記録と発表された報告書のあいだに深刻な食い違いを発見した。それが内部告発につながり、複数の調査が行われ、最終的にマッキャリーニは患者の身体に危害を及ぼした罪で有罪となった。3人目の患者は、退院することがないまま、さらに200回前後も手術を行ったのち、マッキャリーニが気管移植手術を施した他の20人近くの患者と同様に死亡した（※20）。

「でたらめの非対称性の原則」〔イタリア人プログラマーのアルベルト・ブランドリーニが提唱したインターネット上の法則。「ブランドリーニの法則」とも呼ばれる〕によると、**山ほどあるでたらめな情報の反論に要するエネルギー量は、それを生み出すために要するエネルギー量よりも桁違いに大きい。**

同じ法則は間違った科学的主張にも当てはまる。ある結果が、ひとたび査読を経た文献に盛り込まれると、それに反論する研究結果を発表するには、10倍（かそれ以上）の証拠の入手が求められる。

2007年、社会心理学者のアダム・オルターらは、プリンストン大学の学生40人に手の込んだ数学パズルを解かせた実験で、パズルに読みにくい書体の文字が印字されているほど正解率が高まったと発表した。

意思決定科学者のアンドリュー・メイヤーと他の研究者チームはオルターの結果に懐疑的だった。自分たちの予測に反していたからだ。そこで2桁も多い7367人を対象にして、同様の実験を実施した。その結果、読みにくい書体と普通の書体とでは、解けたパズルの数は変わらないことが判明した(※21)。

だが、2015年にメイヤーの論文が発表された後も、オルターが最初に発表した、ありえないような内容の研究結果に注目が集まり続けた。

行動経済学者のシュロモ・ベナルチと作家のジョナ・レーナーは、共著『The Smarter Screen(スマーター・スクリーン)』(未邦訳)でオルターの研究を詳しく取り上げ、同様の研究で必ずしも同じ結果が得られるわけでなく、「さらなる研究が求められる」と結論づけている。

同書を読むと筆者はこう叫び返したくなる。「さらなる研究はすでに行われ、最初の研究が間違っていたと判明しているじゃないか!」と。

統計学者のアンドリュー・ゲルマンは、**何であれ、最初に目にしたものを真実として受**

け入れる人間の傾向について、有益な対策を提案している。それは「時間を反転させてみる」という方法だ。

その情報が逆の順番で得られた場合を考えてみてほしい。たとえば、7000人を対象に行った研究では結果が得られず、のちにたった40人を対象とした同一の研究で結果が得られた場合、少ないほうを信用したりはしないだろう（※22）。

4 「正確なデータ収集・分析によるものです」

筆者はこの想定を「ダッシュボードの誤謬《ごびゅう》」〔ダッシュボードとは複数のデータを1つの画面にまとめて一覧表示すること。本来は車や飛行機の計器盤を指す〕と呼んでいる。企業やその他の組織は、ソフトウェアで作成された、組織の事業活動や財務状態の指標の概要がリアルタイムで把握できる図表をますます頼りにしている。

車のダッシュボードに並ぶ速度計や温度計、燃料計などの計器盤は極めて正確だが、企業ダッシュボードに表示された情報は事実とのリンクがあいまいである。企業ダッシュボードは、一般的に、燃料タンクや燃料計につながったダッシュボードよりも複雑でエラーが起きやすく、バイアスが生じやすい人間の選択や介入に左右される。しかも、利用すればするほど、本来示すはずだったものから離れていきやすい。

たとえば、ある会社が新たな施設の建設やソフトウェアシステムの変更を考えていても、既存の分析ルートがそれに合うように更新されていなければ、企業ダッシュボードは古くて不正確な情報しか提供できない。

経験上、企業ダッシュボードを毎日利用している人は、表示されている情報源やデータの質をめったに疑ったりしない。彼らは車の速度計を信用するのと同じくらい、目にした数値を信用している。

5 「特別な印象を与えるような結果の操作はしていません」

人は情報を提示されると、それが客観的で中立的な方法で生み出されたもので、その主張も正しいと思いがちだ。特定の印象を与えるために微調整したりゆがませたりしておらず、温度計や時計のように正確だ、と。

1990年代後半の上げ相場のころ、エンロンやコカ・コーラのように高い評価を得ている企業グループは、投資家に好印象を与えるために、ウォール街のアナリストの見積もりよりも若干高い利益を報告し、予想を上回る業績を挙げていると見せかけて、投資家による自社の成長予測を押し上げようとしていた。

のちの調査によって、一部の企業が1株当たり1セントでも予想より利益が多く見えるように、各四半期末の売上計上の方法と時期を操作していたことが判明した(※23)。

ここで『USニューズ&ワールド・レポート』誌の大学・大学院ランキングを考えてみよう。同誌は、順位を決めるために各大学のデータを収集し、非公開の重みづけ計算式を適用している。大学はこうした順位に過度の関心を寄せていて、ランキングを利用して学生や寄付者を引きつけようとしている。

大学側は、コンサルティング会社を雇ってランキングの算出手法のリバースエンジニアリングを実施し、どうしたら順位を上げられるかについてアドバイスを受けている。

各大学がデータを正確に報告していることを前提にすると、ランキングを上げるためにデータに巧妙に手を加えている大学がある可能性から目を背けることになる。

2022年、コロンビア大学の数学教授マイケル・タデウスは、1988年の18位から2021年にはハーバード大学とマサチューセッツ工科大学(MIT)と並ぶ2位へと、同大学の順位が驚くほど上昇した理由を分析した評論を発表した。この調査によって、同大学がいくつもの疑わしい数値を『USニューズ』に提供していたことが判明した。

たとえば、同大学は入院患者費用の12億ドルを「教育費」枠に入れていた。これに対し、『USニューズ』はコロンビア大学の順位掲載をしばらく見合わせるとともに、次回のランキングでは同大学を2位から18位に格下げした。

たとえ善意による変更であっても、ランクづけが信頼できなくなる場合がある。たとえば、筆者のチャブリスが10年間教授を務めたユニオン大学では、学生による入学時の標準テストのスコアの提出を任意にすると、標準テストのスコアが他校より高くなる。これは、任意にするとスコアのよい学生ほど提出し、低い学生は提出しない傾向があるためだ（※24）。

6 「われわれは決して詐欺行為を許しません」

ある活動が政府機関によって規制されていると、それは合法だと見なされがちだ。バーニー・マドフの被害者の多くも、SECは彼を調査済みで、金融市場を厳しく監視しており、詐欺が起こるはずはないと思っていたことを認めている。

マドフ自身、「常習的なルール違反者はウォール街では生き残れない」と公言していた。だが、ラジオ番組のホストを務めるジム・キャンベルは、著書『Madoff Talks（マドフ・トークス）』（未邦訳）でこう指摘する。「SECは巡回中の警官ではない」

取り締まる側は、取り締まりの対象を定期的に監視しているわけではない。取り締まる側も失敗することもあれば、他人に都合よく利用されることもある。もっとも規制の厳しい金融商品や医薬品は、規制を受けていない商品よりは安全かもしれないが、安全が保証されているわけではない。

7―「システムは安全安心です」

企業や政府の業務が、情報や施設の安全性を保てるかどうかに左右されるとき、私たちはハッキングされている可能性を軽視している場合がある。

カリフォルニアにあるカジノ施設ストーンズ・カジノは、定期的に開催しているポーカーゲームをオンラインで生配信することにした。

ポーカーの世界的トーナメント「ワールドシリーズ・オブ・ポーカー」と同じ技術を用

いて、プレイヤー全員のカードが表示されるようにした。視聴者はそれを見ながら、各プレイヤーがどんな判断をするかを観察できる。視聴者がプレイヤーに他のプレイヤーのカードを教えられないようにするために、放送は30分遅らせて行われた。

ところが放映中、1人のプレイヤーがあまりにも勝ち続けていたため、一部の対戦相手があやしいと勘ぐりだした。カジノ側は、放送システムの安全性に問題はなく、ハッキングや電波の監視、その他の技術的な攻撃はされていないと主張した。だが、調査に乗り出した専門家は、状況証拠にもとづき、疑惑の渦中のプレイヤーが、リアルタイムで生中継映像にアクセスできるカジノ組織内部の人間から情報を得ている可能性が高いと結論づけた(※25)。

1990年代にFBIは、このカジノ事件とよく似た、マクドナルドとボードゲーム「モノポリー」のコラボによる懸賞型キャンペーンをめぐるインサイダー詐欺事件を摘発した。

同事件では、顧客が購入する食品の包装材にランダムに記載された「当たりくじ」を管理するセキュリティ担当者が、高額商品の当たりくじを盗んで親戚に売っていることが明らかになった。親戚たちはそれを地元のマクドナルドで当てたふりをしていた。セキュリティ担当者が都合よく利用したりすることなど絶対にないと思っているかもしれないが、その可能性を完全に除外することはできない（※26）。

8 ―「私は犯罪や詐欺とかかわったことはありません」

テイラー・スウィフトが指摘したように「ペテン師はだまして、だまして、だまし通す」。個人や組織と取引する前にすべき何よりも有益なことは、相手が有罪判決を受けたことがあるか、信頼できるか、詐欺などの非論理的行為で警察の処罰を受けたことがあるか、を確認することだ。

筆者は本書の調査にあたり、多数の詐欺事件を調べてきたが、逮捕歴があったり、違法行為で有罪となったりしたことのある加害者が驚くほど多いことに気づいた。

2022年にフロリダにあるオーランド美術館は、「ヒーローとモンスター：ジャン＝ミシェル・バスキア、タデウス・マムフォードおよびJr．ヴェニスのコレクション」展と題する美術展を開催した。展示されたのは、アメリカ現代アートを代表するバスキアの未公開絵画25点で、これらはすべて1982年にロサンゼルスで描かれ、受賞歴のある脚本家のマムフォードが一括で購入したという。

伝えられたところでは、マムフォードはこれらの絵画を30年間倉庫で保管していたが、貸倉庫の賃料を支払えなくなったため、2人の起業家が作品を買い取ってオークションに出し、そこに投資家が1人加わったのだという。3人は、絵画を展示して1億ドルで販売する計画を立てた。

このニュース記事を追ううち、私たちは何かがおかしいという複数の徴候に気づいた。専門家たちは作品を絶賛していたが、それだけでは本物だという決定的な証拠にはならなかった。作品の出所に関するマムフォードらの話（アーティストの手元を離れてから現在に至るまでの所有歴の詳細）があやしいと異論を唱える者もいたが、それを立証できる主要人物はすでに他界していた。

最終的に、科学的な調査が明らかにした証拠によって、これらの作品のうち少なくとも1つは、バスキアの死後にあたる1990年代より前に描かれたはずがないことが判明した。

2022年6月、FBIは25作品すべてを押収し、同美術館は館長を解雇した。『ニューヨーク・タイムズ』紙に掲載されたこの事件に関する2度目の記事によれば、作品を発見したとされる3人は、これまでに麻薬取引、選挙資金違反、証券詐欺、消費者詐欺など、少なくとも計7つの罪で有罪となっていた。館長は、この3人の共同事業者たちについて一般に入手できる情報を調べなかったことを悔やんでいるようだ（※27）。

２０００年代前半に筆者の２人はそれぞれ、研究で提携したいという特別研究員の〝認知科学者〟から連絡をもらったことがあった。その男が私たちが知り合い同士だと把握していたかどうかは定かでなかったが、それぞれに提案したプロジェクトは別個のものだった。彼は、私たちがどちらも知っている評判の高い研究者たちの名前を挙げ、興味深いアイデアをいくつか提示し、常に礼儀正しかった。

結局どちらのプロジェクトも実現には至らなかったものの、私たちは運がよかったことがのちに判明した。その男は詐欺や詐称に関わるいくつもの事件に関与していたのだ。その男は副業として詐欺に手を染めていたらしく、ありもしない立派な実績があると見せかけて、あちこちで数千ドルをだまし取っていたのだった。

もし「本能的な直感」をそれほど頼りにせず、相手の経歴をもっと徹底的に調べれば、詐欺の被害に遭う可能性は少なくなるだろう。そうすることで、相手が信頼できる人物なのか、詐欺師なのかを見分けやすくなる。

たとえば親は、教師やスクールバスの運転手など、子どもの世話をする人たちは、子どものもの近くにいる大人が身元確認をきちんとしてくれているので、自分で調べる必要はないと考える。

だがあいにく、そうした身元確認は完全ではないうえ、常に全員の身元を確認できるわけでもない。たとえ問題ないと思えても、確認できるなら必ずそうすべきだ。

新たな請負業者を雇う場合には？　相手の評判や身分証明書に目を通し、あやしい仕事をしていないか、顧客をだましていないか調べよう。

かかりつけ医を替えるときには？　きちんとした医学の学位を取得していて、医療過誤でたびたび訴えられていないか調べよう（ただし、ウェブサイトに載っているごく少数の偏見を持った患者の意見に惑わされてはいけない）。

新たに業務提携を開始するときには？　そのパートナーが前の雇用主の金を使い込んでいないか調べよう。

あまりロマンチックには聞こえないかもしれないが、結婚や婚約、あるいはオンラインデートをする前には、相手のことをネットで調べてもいいかもしれない（※28）。

ハビット

4

効率
エフィシェンシー

相手の
痛いところを突く

「たった1つの質問」をしてさえいれば！

人は決断するとき、徹底的に調べるよりも効率を優先して調べものの手間を省こうとしがちだ。だが、重要な決断時にはその習性を捨てなければならない。とはいえ、それは特に難しくはない――あとたった1つ、適切な質問をするだけで十分なこともある。

毎年7月、フィラデルフィアのホテルには、チェスの世界大会であるワールドオープンに出場するプレイヤーが1000人以上集合する。プレイヤーは対面での真剣勝負を9ラウンドにわたって行う。対局は5時間を超えることもあり、トップカテゴリーの優勝金額は2万ドルにもなる。それほどの額ともなると（資金の乏しいチェスの世界にとっては大金だ）、不正を働く輩も出てくる。

1982年には、有名な名手が序盤のヒントを求めて試合中にチェスの書籍売り場にいるところを見つかった。しかし、1993年の出来事は誰も予想していなかった(※1)。

ことの発端はちょっとした違和感だった。2回戦の試合中、第1シードの選手たちが最終対局に先立って弱小プレイヤーを次々と打ち負かしていたとき、グランドマスター〔チェスの最高称号〕を持つアイスランドのヘルギ・オウラフソンが引き分けに持ち込まれた。対戦相手は、カリフォルニア州のジョン・フォン・ノイマン。ランキングはなく、これが初めての公式戦だった(少なくとも、大会の出場登録時もアメリカチェス連盟への加盟時にも、そう申告していた)(※2)。

ワールドオープンが初の米国トーナメントというプレイヤーは特別に珍しくはない。高額の賞金が得られるこの大会は、旧ソ連出身のプレイヤーたちを数多く引きつけてきた。チェスが国技同然の祖国ではトップレベルに到達できなかったプレイヤーでも、米国でなら十分に賞金を目指せる実力がある。

だが、フォン・ノイマンはロシア人ではない。ドレッドヘアに米海軍特殊部隊の帽子をかぶった黒人青年で、白人が多数を占めるチェス会場では目を引いていた。ボストン地区から参加したチェスマスターのデイヴィッド・ヴィゴリートは、早くからフォン・ノイマンの対局がなにか変だと気づいていた。チェスの仕方が他のプレイヤーとは違うのだ。

まず、動作がおかしかった。本格的なチェスプレイヤーは、駒を手に取って動かすという動作をこれまでに数えきれないほどくり返してきている。そのため、その手つきはなめらかで、優美ですらある。映画のチェスの場面に出てくる俳優とは違って、駒を無造作につかんで盤上にドスンと置いたり、対局時計を荒っぽく叩いたりはしない。

また、何分間もじっとチェス盤をにらんだかと思えば、あちこちのマス目に何度も目を走らせる。フォン・ノイマンの場合、ぎごちなく駒を動かし、相手が駒を動かしているときは試合に興味がなさそうだった。自分の番でさえそんな様子が見られた。

3回戦では強敵より有利な立場にいながら、時間切れで敗れた。どう駒を動かせばいいのか、状況的に誰の目にも明らかなときにも、やたらと時間をかけることもあった。ある試合の序盤では、相手の駒を取る代わりに自分のクイーンを失ったり、盤の中央にキングを動かすなど（中央は敵にねらわれやすく、危険な場所だ）の悪手も目立った。まったくの初心者でなければ迷わず打てるような手を指すのに、40分間もかかることもあった。

2回戦でオウラフソンと引き分けた後、フォン・ノイマンは3連敗したが、残りの4試合のうち3試合で勝利した。最後も時間切れで負けた。9試合で4・5ポイント獲得し、ランキング外のプレイヤーに与えられる特別賞の受賞資格を得た。だがそのころには、ヴィゴリートだけでなく他のプレイヤーやトーナメントの理事たちも彼をあやしむようになり、フォン・ノイマンのいかにも素人っぽい動き、理解に苦しむ態度、それでいて驚くほど強いプレイが大会の話題になっていた。

考えられる説はおもに2つだった。

1つは、室内のどこかにいる強いプレイヤーが試合を観察していて、フォン・ノイマンが頭髪に忍ばせているイヤフォン経由で指示を与えているというもの。

もう1つは、離れた場所に共謀者がいて、フォン・ノイマンから送られてきた対戦相手の駒の動きをパソコンのプログラムに入力し、それにもとづいてアドバイスを与えているというものだ。

どちらも、初心者でも勝てる方法だった。30年前にはすでにチェスのソフトウェアが人間のグランドマスターを大勢負かしていた。専門家の多くは、フォン・ノイマンはコンピューターから手を教わっていて、妙に時間がかかったのは通信障害のせいだと結論づけた。そう考えれば、耳障りな信号音がしていたのも、f5のマスにポーンを動かせば簡単に引き分けに持ち込めたのに、ビショップを動かして意味もなく負けるというバカげた手を指したのも説明がつく(※3)。

また、通信が遮断されたと考えれば、対戦中、謎の男がときどきフォン・ノイマンのそばに現れて、何かをメモして姿を消したという報告も説明がつく。おそらく、チェス盤の現状とコンピューター予測の不一致を正すために秘密の場所から姿を現した共謀者だろう。

トーナメントの最終戦のあと、この「共謀者」（試合には参加していない）は賞金の小切手が渡される部屋にフォン・ノイマンとともに移動した。

トーナメントの理事長兼主催者のビル・ゴーチバーグは、ヴィゴリートらが提起した疑問と、フォン・ノイマンの不正行為を示す状況証拠を承知していた。詐欺師に賞金を与えれば、誠実なプレイヤーが賞金を逃すことになってしまう。ゴーチバーグはそのような事態を避けたかった。だが直接的な証拠は何もない。フォン・ノイマンは参加料の返金と引き換えに賞の辞退を申し出た。

ゴーチバーグはその申し出を受け入れることもできた。だが、そうすることで不正行為を見逃したくなかったので、フォン・ノイマンに簡単なチェスの問題を解かせることにした。盤上でいくつかの駒を2回動かせばチェックメイトになる問題だ。

グランドマスターと引き分けてマスターに勝ったプレイヤーなら、すぐに解ける問題だ。ところが、解くようにうながしてもフォン・ノイマンは手を出そうとすらしなかった。賞金も返金も受け取らないまま、彼はむっとした表情で会場から立ち去った。

その後、彼は（少なくともフォン・ノイマンという名前では）二度とチェスの試合に出場しなかった。チェス界で、彼と共謀者を目にした者もいない。ジョン・フォン・ノイマンの事件はいまだ解決していない大きな謎である（※4）。

1993年以降、チェスの大会では「知的ドーピング」という形のコンピューターを使った同じような不正行為が相次いだ。近頃では、スマートフォンの処理能力が人間の世界チャンピオンを負かすほど発達しているため、以前に比べてこうした不正が格段にしやすくなっている。

フォン・ノイマンは駒の動かし方も知らないド素人のようだったが、あとに続く詐欺師たちは不正をしなくても強いプレイヤーばかりだった。

なかでも有名なのが、2019年に発覚したラトビアのグランドマスター、イゴルス・ロウシスの事件だ。彼はストラスブールでの大会の最中、トイレでこっそり携帯電話を使用したところを見つかった。

フォン・ノイマンと同様、周囲はロウシスの腕前を疑ったが、疑われたのは突飛な態度ではなく、彗星《すいせい》のような登場の仕方だった。50代にして突如、彼は出場したどの大会でもレーティングポイントを上げ、世界のトップ100プレイヤー入りを果たした。不正の現場を押さえられなければトップ50入りするところだった。中年になって上達するプレイヤーもいるにはいるが、いきなりトップ50に入るような躍進を見せる先例はなかった（※5）。

元米大統領ロナルド・レーガンは、ソ連と交渉するときの意欲を説明する際、「信ぜよ、されど確認せよ（Doveryai, no proveryai）」というロシアのことわざを引用したことで知られている。

前半（信ぜよ）は簡単だ。簡単すぎるといってもいい。だが後半（確認せよ）は努力を要する。起こりそうもないことが起きたときには、さらに質問して調べる必要がある。質問といっても、ゴーチバーグのように文字どおり**「今すぐチェスの問題を解いてくれませんか」**と尋ねる方法もあれば、疑わしいプレイヤーのあとをつけて、試合中に席を外して何をしているかを確認するような、相手に気づかれずに調べる方法もある。

そうした質問の答えを見つけるためには、さらなる掘り下げが必要になる場合もある。

筆者のチャブリスは、男子学生から、「講義の試験の日に、他にも2つ試験があるので、自分だけ1日試験日を遅らせてもらえないか」という問い合わせのメールをもらい、承諾して当日はその学生ひとりのために試験監督も務めた。2時間の試験が半分過ぎたころ、学生がトイレに行った。

学生が席に戻ってから数分後、チャブリスもトイレに行った。手を拭いたペーパータオルを捨てたとき、ゴミ箱の底に黄色いメモ用紙が捨てられているのに気づいた。拾い上げると、それはクラス一の秀才の女学生が取ったノートの一部だった。メールで確認すると、彼女はすでに試験を終え、くだんの男子学生にノートを貸していたが、「このノートは返さなくてもいいから、読み終えたらどこかに捨てて」とは伝えていなかった（※6）。

さらなる質問をすることが効果的なのだとしたら、私たちはなぜそうしないのだろうか。ある決断をする際に情報が十分あるとき、私たちはその情報にもとづいて手っ取り早く決断をしようとしてしまう。さらなる質問をするための手間や労力を省きたいからだ。だが、このように効率を求めようとすると、重要な情報を見逃しやすくなってしまう。こうした重要な情報は意図的に隠されていることもあるが、こちらに探す気があれば簡単に見つかるものもある。

人は「わかりにくいもの」にお金を出す

日々の生活は、私たちの判断や態度にいつのまにか影響を与える要素であふれている。そのわかりやすい例がプリンターだ。以前は高価だったが、今は非常に安く、メーカーがただ同然で消費者に配っているようにすら思えることもある。しかし、近年の設定価格は、プリンターの耐用年数中に消費するトナーやインクの総費用を考えるとそれほど得ともいえない。

格安のレーザー・プリンターの場合、新品のトナーカートリッジ一式（ブラック、シアン、イエロー、マゼンタ）の値段はプリンターの本体価格の2倍もするが、2000ページも印刷すればインクがなくなってしまう。

プリンターの販売会社は、総保有コストを知っているが、それを目立たせようとはしない。インクやトナーの長期費用は、経済学者のザビエル・ギャベックスとデイヴィッド・レイブソンが「ヴェールに隠された属性」と呼ぶものである。それは購入判断に対する決定的な情報だが、消費者には見えないようになっている（※7）。

ヴェールに隠された属性のなかには「手数料」や「サービス料」といったわかりやすい追加料金もあるが、**消費者は、これらの属性が目に見える形で提示されていても、追加的な費用を支払う傾向**がある。

ヴェールに隠された属性を明らかにして商品の真のコストを知るのが難しい場合がある。プリンターの場合、小売販売員が1枚当たりの価格や、プリンターの耐用年数中に購入者が費やす総額を把握していない可能性がある。銀行や投資信託の手数料も同様だ。政府は開示を義務づけているが、企業の窓口担当者は、顧客に料金体系を説明できるほど理解していないこともある（※８）。

ときには、こうした情報のひずみがビジネス部門全体の利益を支えることもある。たとえば、ＤｅａｌＤａｓｈやＱｕｉＢｉｄｓといったウェブサイトに代表されるペニーオークション〔入札ごとに手数料がかかる形式のオークション〕産業は、利益の源を覆い隠すことで成り立っている。

企業の動画広告に出演する落札者たちは、桁外れに安い価格で高価な商品を購入できたと証言する。ｉＰａｄは23・13ドル、マウンテンバイクは11ドル、サムスンのテレビが７・48ドルといった具合に。

「オークションは０からスタートし、１セントずつしか上がりません」とＱｕｉＢｉｄｓの進行役は語る。「それに、落札しなければ小売価格以上支払わなくていいんです！」

だが実際には、落札できたかどうかにかかわらず、顧客は入札のたびに手数料を支払わなければならない。そのことはＱｕｉＢｉｄｓでは説明が省かれ、ＤｅａｌＤａｓｈでは画面下部に小さく記載されている。

この隠された手数料は、標準的な入札額の20倍にもなるため、たとえばＤｅａｌＤａｓｈでｉＰａｄが23・13ドルで売れると、同社は取引手数料として入札手数料２３１３ドルを受け取ることになる。１回の入札につき20セントで収益は４６２・60ドルと、相当な利益を得ているのだ（※9）。

では、相当とはどのくらいだろうか？　その問いに取り組んだのが、カリフォルニア大学バークレー校教授の経済学者のネド・アウゲンブリックだ。彼は２０１０年に大手オンライン・ペニーオークションサイトを運営するドイツ企業、Ｓｗｏｏｐｏが開催したオークションのデータを調査した。

オークションのほとんどは15セントずつ増額し、１回の入札ごとに75セントを請求した。２００５年から２００９年にかけて、Ｓｗｏｏｐｏはオークション１回につき平均１６０ドルを得ていて、売上総利益率は51％、落札者１人につき不落札者は約52人だった。

つまり、Ｓｗｏｏｐｏはオークション１回ごとに、全入札者から３ドルを得ている計算になる。Ｓｗｏｏｐｏは現金払いすらオークションにかけていて、多くの人が何度も入札するため、平均すると支払価格の2倍以上を回収していた（※10）。

このしくみは、従来のオークションよりもカジノのギャンブルや政府主催の宝くじによく似ている。いずれも選択肢は2つだけだ。手を引くか、「入札」ボタンを押して幸運を祈るか。

オークションは、設定時間（通常は10秒）が過ぎても新たな入札がなければ終了するため、入札者は挑戦するかどうかをあまり迷っていられない。さらに、参加者は事前に複数の入札手数料を購入する必要があるため、入札のたびに追加のお金を支払う必要はない。毎回、入札する度に事前に払い込んだ手数料の一部が引かれていくだけだ。

ことわざにもあるように「ギャンブルを発明した人は賢いが、チップを発明した人は天才である」。

お金がポケットから出ていくようにも見えず、出ているいると感じることもなければ、お金はさらに自由に流れていく。

アウゲンブリックは、人々がこうした理不尽にも思えるオークションに参加する理由を解明するため、あるメカニズムを提示した。こんなふうに想像してみてほしい。

100ドルを払ってコンサートチケットを1枚買ったとする。だが当日は気分がすぐれず、行く気がしない。行く気がしないのにコンサートに行くとしたら、あなたは「サンクコストの誤謬《ごびゅう》」（サンクコスト＝埋没費用。将来的に取り返しのつかないコスト）に陥っていることになる。チケット代が「埋没」しているのは、**コンサートに行っても行かなくてもお金は戻ってこない**からだ。

ポーカーの場合、ポットにつぎ込んだ金はあなたのものではなく勝者の手に渡るため、これもサンクコストである。だが、お金はまだ自分のものだと思っていれば、勝つ見込みがほとんどなくても、損失を取り戻したくて大金を投じるという危険を冒しかねない。

ペニーオークションの入札手数料はサンクコストにほかならず、落札者も多くの不落札者も、支払った手数料は取り戻せない。それでも入札者が入札を続けるのは、すでにオークションに金をつぎ込んでいるからだ（これは従来のオークションには当てはまらない。従来なら、落札できなくても懐具合は入札開始前と同じだからだ）。こうしたサンクコストがオークションサイトの利益の隠された収入源なのである。

だまされないようにするには、隠されたコストを明らかにすることが重要になる。必要な情報が入手できても、直感的に理解するのが難しいものもある。たとえば、マイホーム購入にかかる総コストだ。マイホームも、プリンターと同じく本体の価格で提示されるため、購入者はそれ以外のコスト（契約手数料や住宅ローン、税金、維持管理費、保険料など）を自分で見積もらなくてはいけない。

つまり、ヴェールに隠された属性がどこに潜んでいるのかをくまなく探す努力をしなければならない。とはいえ、存在しないふりをするよりはいい。あいにく、**収入、学歴、金融リテラシー、数学能力が低い人々は、隠された属性に加えて、他の搾取的なマーケティング活動にもとりわけ弱い傾向**がある。

だが幸い、彼らは「ブースト」（人々の意思決定能力を育んで態度を変化させるアプローチ）や

「ナッジ」（望ましい行動を取れるよう環境条件を整えて人々を後押しするアプローチ）などを用いて人々の選択をよい方向に導こうとする善意の取り組みから大きな恩恵を受けることもできる。

たとえば、経済的にもっとも正しい選択肢を選ぶ確率を高めるために、その選択肢をデフォルトで選択させておくといった方法を用いることで、こうした人々が適切な意思決定をするのを後押しできる。しかし、多くの人はそうした手助けが必要だと思っていない。ある調査によると、何かを決めるときに、いいアドバイスを与えられれば正しく判断できると予測した人は65％だった。一方、悪いアドバイスを与えられても正しく判断できると考えた人は64％と、ほぼ同じであった（※11）。

販売員が知られたくないこと

プリンターのように形のある商品や、ペニーオークションのような金融商品は、本当のコストを覆い隠すのに適している。銀行口座、クレジットカード、住宅ローン、市場で広く販売されている投資商品などもそうで、通常、隠れた料金やペナルティなどが含まれる。だが、どの支出にも売り手が買い手に考慮してほしくない属性がある。機会費用だ。

経済学は機会費用を「あるものを選択することで失うことになる、次善の選択をした場合に得られる利益」と定義している。お金以外にも限られた資源、とくに時間に当てはまる。

たとえば、大学に4年間通うと決めた人は、その間は、給料を稼ぐなどの別のことをしない選択をしている。標準的経済学では、顧客は機会費用を十分に承知していると仮定する。同じ価格でも、商品Bではなく商品Aにお金を使うと決めたということは、その人がBよりもAが気に入っていることになる。

ある人が大学に行くと決めたのは、行かなかった場合に4年間で得られた給料や経験よりも教育を重視したか、あるいは長い目で見ればそれ以上の稼ぎが見込めると考えたからだ。標準的経済学では、人は相対コストや相対的な費用と利益を独自の価値観にもとづいて比較検討し、最大のリターンが得られる選択肢を選ぶとされる。

ところが、意思決定科学者のシェーン・フレデリックと同僚の研究によって、消費者は実際には機会費用を考慮しない場合が多いことが判明した。

ある実験では、大学生にスクラッチ式宝くじで1000ドルが当たり、新しいステレオセットを買うことを想定させた。被験者は、700ドルのセットか、アンプとCDチェンジャーの性能が上回るよく似た1000ドルのセットのどちらかを選べる。無作為に選んだ参加者の一部には、別の情報を伝えた。安いほうを買えばおつりの300ドルはもらえるという事実だ。

事実を知らされた被験者の86％が安いセットを購入した。事実を知らされなかった被験者の70％も安いほうのセットを購入した。事実を知らされずに高いステレオを買った被験者は、機会費用を十分考慮しなかったことになる（※12）。

ニセ絵画で大儲け

ヴェールに隠された属性と機会費用について考えることは、取引の真の経済性を評価することである。買い得だと思っても、品物が偽物であれば大損をする。美術品のような1

点ものの収集品市場ほど、この問題が顕著になる市場は他にない。

美術品詐欺は驚くほど頻繁に発生する。フランスのエルヌにあるテルス美術館は、壁に飾られていた作品のうち半数以上が贋作であることを公に認めた。

一部の専門家によれば、同美術館に展示されていたすべての絵画のうち20～50％が贋作で、毎年オークションにかけられていた作品の多くも本物ではない。ある美術史家は、2017年にイタリアのドゥカーレ宮殿で開催された美術展で展示された絵画のうち、少なくとも20作品（あるいは全21作品）が偽物であると断定した。これらはすべて贋作者マーク・アウグストゥス・ランディスによるもので、彼の作品は、米国の46カ所の美術館に展示されていた（※13）。

マンハッタンのアッパー・イースト・サイドにあるノードラー商会は、1世紀以上にわたってアメリカの富裕層に巨匠たちの作品を販売してきた名門画廊だった。しかし、1990年代半ばにかつてない規模の贋作詐欺事件に巻き込まれ、2011年に閉廊した。

実業家マイケル・ハマーの孫で、俳優アーミー・ハマーを息子に持つアーマンド・ハマー所有のもと、ノードラー商会は、ジャクソン・ポロックやマーク・ロスコなど、20世紀半ばの抽象表現主義の有名画家が描いた新たな発掘作品を提供するようになった。

これらの絵画は、グラフィラ・ロザレスと名乗る正体不明の画商によって、同画廊のディレクターであるアン・フリードマンのもとに持ち込まれた。フリードマンは15年間にわたってロザレスから40作品を購入し、計8000万ドルを売り上げた。これは同時期の画廊の総利益に相当する。だが、これらの作品の合法性が疑問視され始めた(※14)。

これらの絵画はすべて画家の作品総目録でも見つからず、画廊の販売記録や展覧会での展示実績の記録もないばかりか、画家のアトリエの背景に飾られている写真すら1枚も存在しなかった。

ロザレスとフリードマンは絵画の出所についてあれこれ話し合った。ひょっとすると、1950年代に、裕福な外国の収集家が画家から直接すべて購入したあと、国外に持ち出し、それらをのちに遺贈された息子が、影響力のあるオークションには出品せず少しずつ「売却」しているのではないか、など。だが、どの説も決定打となる直接証拠は見つからなかった。

これらの絵画が「本物であることを証明する」ため、フリードマンは専門家を招いて画廊の絵を見せ、意見を書き留めた。専門家が「美しい油絵だ」「状態がとてもいい」といった好意的な言葉を口にすると、フリードマンはそれを書き留め、その専門家の肩書や経歴と併せて、顧客に絵画を売り込む際の宣伝文に書き込んだ。その文面には、本物だと明示しなくても、本物だと思わせる技巧的な言葉が並んでいた。

ある絵画には、「この作品は、マーク・ロスコの作品に詳しい専門家に評価されています」と書かれ、ロスコの息子の名前が記されていた。疑念を示した専門家の名は挙げられなかった。

ここまで読めば、40作品がどれもロザレスとフリードマンが言及した画家の作品ではなかったと知っても驚かないだろう。

一部の絵画を化学分析した結果、「その時代には存在しなかった顔料」が使われていることが判明した。ジャクソン・ポロックが描いたとされる1枚の絵画には、「ジャクソン・ポロク」と署名されていた。フリードマンは口外はしなかったものの、このスペルミスは本物の証しだと解釈していた。世界的な贋作者がそんな間違いを犯すはずがないからだ。

実際には、これらの作品はすべて中国人画家ペイ＝シェン・キアンによるものだった。彼はノードラー商会から数マイルしか離れていないクィーンズ区の自宅でこれらの絵画を描いていた。ロザレスと、彼女のスペイン人の恋人ホセ・カルロス・ベルガンティニョス・ディアスと、ディアスの兄弟は、油絵1枚につき数千ドルをキアンに払い、ノードラー商会に売却して得た利益を山分けしていた。ロザレスはのちに詐欺罪を認め、外国人共謀者たちは起訴されたものの、一度もアメリカに引き渡されることはなかった（※15）。

新たに発掘された20世紀半ばの傑作を数百万ドルで提示されたバイヤーは、厳しい質問を用意すべきだ。だが、絵が本物だと信じたいときには、それが「本物かどうか」ではなく、見た目が「美しくて状態がよいかどうか」を気にかけてしまう。

いい質問をするには、相手の返答を注意深く聴いて（「真正の」とか「本物の」と言ったか？）、あいまいで回避的な情報をもって確認できたと解釈しないよう気をつけなければいけない（たとえば、画廊側が記入した専門家の名前が載っているので、本物だと認められたに違いない、と解釈してしまわないように気をつける）。

なかには鋭い質問をしたバイヤーもいたが、もはや遅すぎた。収集家のジャック・レヴィは、ポロックが描いたとされる別の作品（5点の贋作のうちの1つ）を購入後、国際美術研究財団（ＩＦＡＲ）に本物かどうかの査定を依頼した。ＩＦＡＲの専門家は、ロザレスとフリードマンが語った入手経緯を信用しなかった。

数年間にわたってこの事件を報道した『ニューヨーク・タイムズ』紙の記者パトリシア・コーエンはこう語る。「ＩＦＡＲは、絵画の出所についてあまりに多くの疑問が浮かびあがったと言っています。どうにもつじつまが合わない、と」

芸術作品の贋作は、一見本物に見えるからこそ、素人だけでなく専門家もだまされる。特定の画家が特定の時期に描いた作品の見た目や雰囲気、構成までもが絶妙に模倣されている。

詐欺が発覚するのは、偽物に見えたからではなく、描かれた当時はなかった顔料を贋作者が使用したからというケースがほとんどだ。贋造が明らかになるのは正しい質問をしたときだけだ。

正しい意図を持って、入念に科学的分析をしたり、出所を文献にもとづいて分析したりしなければならない。だがあいにく、どちらのタイプの分析も、骨が折れる上に費用がかかり、直感のみに頼ることになる傾向が非常に強い。

韓国を代表する美術家の李禹煥《リ・ウーファン》は、贋作が疑われた自身の作品13点について、美術商が偽物だと公式に認めたあとでも、本物だったと主張し続けた。禹煥は「美術家なら一目見ただけで自分の作品がわかる」と語った（※16）。

もし、疑わしい美術品の出所が証拠書類で確認された場合、贋作の可能性は消えるのだろうか？　あいにくそうはならない。

1980年代、英国人画家ジョン・マイアットは、生活苦から「正真正銘の偽物」という広告を出して、贋作の小規模な委託販売を始めた。すると、ジョン・ドリューと名乗る人物が、マティス、グレーズ、クレーの作品の複製品を依頼するようになり、完成品を本物だと偽って売りつけ、一作品につき数千ポンドで販売し始めた。ドリューとマイアットはこの悪だくみで手を組むようになり、シャガールやジャコメッティ、他の画家の作品も贋作の対象になった（※17）。

ドリュー（本名はジョン・クロケット）は、アン・フリードマンやノードラー商会よりも、出所のない贋作を売りつけるのに苦労した。そこで彼は、多くの絵画の来歴を改ざんした文書を、ヴィクトリア&アルバート博物館、テート・ギャラリー、その他の権威あるロンドンの芸術機関の記録保管所に忍ばせた。オークション会社や美術商は、こうした保管所で絵画が本物かどうかを確認するからだ。

また、ドリューは古い目録や書籍に手を加えて、自分で撮ったマイアットの作品の写真を挿入した。最終的に2人は約200点の絵画を販売し、捕まるまでに200万ポンド以上を売り上げた。彼らはそろって刑務所行きとなったが、120点ほどの贋作は回収されなかった。

マイアットとドリューの絵画を買った多くの人々には残された問題があった。彼らは、売りに出された作品が画家のものだと立証する独自の出所らしきものを確認していたが、そこまでだった。美術品詐欺がこれだけ普及して、作りも精巧になっていることと、一流美術家によるとされる偽物を買ってしまう潜在的なコストの高さを考えると、最初のひらめきに従うより、もっと確認をしたほうがいい場合が多いといえるだろう。

そのヘッドフォンにいくら払うか

私たちはふだん、記事や本の内容を特別に疑ったりはしない。だが、科学者が雑誌に提出する論文を査読するときは、著者の主張を額面どおりに受け入れるのではなく、結果の出所について注意深く精査することが期待される。しかし科学者でさえ、ときには同僚にだまされるときがある。

ダーク・スミースタースの例を見てみよう。彼はオランダの将来有望な心理学教授だった。だがそれも、独立委員会の調査により科学的不正行為が発覚し有罪となり、教授職を解かれるまでの話だ。

スミースタースの転落は、ある研究で被験者に与えた課題から始まった。彼は抽象的なグラフィックデザインが描かれたTシャツの写真を見せて、いくらなら買うかと尋ねた。予想どおり、さまざまな答えが返ってきた。9ドルくらいと答えた人もいれば、11ドルと答える人もいた。平均すると約10ドルだった。

似たような例として、今度は思いがけない税還付があって、性能のよいノイズキャンセリング機能つきワイヤレスヘッドフォンを買いたいとする。あなたなら最高級の「Bose QuietComfort 45 Headphones」にいくら出したいと思うだろうか?

この先を読む前に答えを思い浮かべてほしい(※18)。

本書の執筆時点では、Amazon.comはこの種のヘッドフォンを329ドルで販売している。とはいえ、多くの読者が定価を払うとは思えないので、平均的な答えは249ドルとしよう。

多くの人がこれに近い価格を提示するとしても、249ドルぴったりではないだろう。274ドルという人もいれば、221ドルという人もいるはずだ。これよりもっと高い場合もあれば(351ドルなど)、ずっと低い人もいるだろう(156ドルなど)。

グラフに表すと釣鐘曲線のようになり、中央のピーク値は249ドル付近で、値が大きく(または小さく)なるほど徐々に減っていく。しかし、妥当に思われるこのパターンも、じつはデータが捏造されていることの有力な証拠になる。釣鐘曲線は、こうした質問に回答者がどう答えたかということを尋ねなければ、一見正しく見える(※19)。

本書ではこれまでに、人はどのカードを選びやすいかといった一般的な考え方や選び方の傾向を、マジシャンがどのようにマジックに活かしているかを見てきた。あなたなら高額なヘッドフォンにいくら出すだろうか？

おそらく10ドルの倍数だろう。違うとしたら5ドルの倍数ではないだろうか？

このような「払いたい額」を判断するとき、221ドルや249ドルと厳密に答える人はごく少数だ。たいていは220ドルとか250ドルと答える。**商品が高くなればなるほど、5ドルか10ドルの倍数の値段をつける割合が高くなる。**

新車なら、ほとんどが100ドルか1000ドルの倍数になる。Tシャツにしても、9ドルや16ドルより10ドルや15ドルと答える人のほうがはるかに多いはずだ（※20）。

2013年、行動科学者のウリ・サイモンソンは、スミースタースの研究で示されたデータのあやしいパターンをどのようにして見つけたかを説明した。サイモンソンは研究データのスプレッドシートに書かれた「払いたい額」を眺めていて、普通ならあるはずの5の倍数が少ないことに気づいた。5ドルは、6ドルや9ドルと同じくらい少なかった。

研究データのパターンはどの価格帯も一様に、1ドル、4ドル、5ドル、9ドルなど、均等に選べばこうなるだろうという結果と一致していた。一様分布と呼ばれるパターンである。どの回答も同じ確率で起こるのなら、5の倍数の回答が出る確率も5分の1になる。

スミースタースの報告もまさにそうだった（※21）。

サイモンソンがスミースタースの実験を再現したところ、被験者の50％以上が5の倍数を予想した。サイモンソンはまた、すでに発表されている他の「払いたい額」に関する類似の研究を調べたところ、そのすべてにおいて、少なくとも50％の予想値が5の倍数を示す結果であることがわかった。研究結果を発表する前、スミースタースの雇用主であるエラスムス・ロッテルダム大学にその結果を知らせたところ、同校は独自の調査を実施し、不正行為の疑いが判明した（ほか、関連論文が撤回された）（※22）。

そもそも、スミースタースの偽の調査結果は、どのようにして科学論文に入り込んだのだろうか。これまでに見てきたように、ディーデリク・スタージペルの不正な研究に対して綿密な調査が行われなかったのは、**研究結果が研究者の予測と一致していたから**である。

同僚の査読者やスミースタースの原稿の編集者が異常に気づいていたかどうかはわからないが、明らかな補足質問をしたのはサイモンソンが初めてだった。

「基礎となるデータを見せていただけませんか？」

「これらはどのように見えますか？」

「これらのパターンは同様の研究結果と一致しますか？」

新しい質問をするたびに、サイモンソンはスミースタースが実際にしたことを正しく理解するようになった。

この件で皮肉だったのは、「生データの調査」は、科学者が研究の進め方を学ぶときに最初に教わるルールだったことだ（筆者のシモンズは、統計入門クラスでデータ表示の重要性を説いている）。

コンピューターに統計を入れて実験が「うまくいった」かどうかを確認する前に、数値がどのように分散されているかグラフの曲線が不自然にスムーズになっていないか、実験手法の欠陥を指摘する第三者の存在はあったのか、などを注視すべきだ。

世の中にコンピューターが普及する前、研究者はデータをノートに手書きし、手作業で計算をしていたため、必然的に数字に詳しくなった。

今はソフトウェアがデータを収集して自動的に計算されるため、人為的な転記ミスや計算ミスを防げるようになっている。しかし、研究者がデータに直接手を触れる機会が減ったため、異変に気づいたり疑問を投げかけたりすることが、これまで以上に重要になっている。

このプロセスは、科学や政府、ビジネスなど分野を問わず、データを閲覧、承認し、データにもとづいて行動するすべての人の集団的責任であるべきだ。

「答えになっていない答え」を信じる

これまで見てきたように、何かを判断するときには「効率」にとらわれすぎず、質問する機会を探るべきだ。だが、どんな質問をしたらいいかがわからないかもしれない。

一番役に立つ質問は、その状況に合っていて、今まで知らなかった隠し扉のありかを教えてくれるような質問だ。

ここで、本書の前半部を終える前に、さまざまな状況で役に立つ質問を説明しておきたい。ただし「弁護士は自分が答えを知らない質問を証人にすべきではない」と言われるように、まずはその質問をすることでどんな答えが得られるかについて考えてみよう。

気をつけたいのは、**人は「答えになっていない答え」を本当だと信じやすいことだ。政治家は聞かれた質問に答えるよりも聞かれていない質問に答えるほうが得意**で、聞き手がその答えを信じるか、あるいは質問に答えたと勘違いするのをあてにしている。

心理学者のトッド・ロジャースとマイケル・ノートンによると、ある政治家が聞かれた質問とは違う別の質問に答えても、人々は気づかないことが多いという。質問を見事にかわされて、彼らの答えが最初の質問のテーマとなんとなく結びついていれば、だまされていることに気づきにくい（※23）。

「返答になっていない返答」が、ときには「プラシーボ情報」を与えることもある。つまり、実際には取り組んでいないのに、問題に取り組んでいると思わせる返答だ。

たとえば、ビル・クリントンの「その女性とは性的関係を持たなかった」というセリフは、答えになっているようだが、「性的関係」が何を意味するかは棚上げにされているために、特定の行為が明確に否定されているわけではない。

礼儀正しくはきはきと答えれば、質問に何と答えようと完璧な答えとされ、あたりさわりのない中身のない返答が意義深い答えとみなされるときがある。もちろん、ジャーナリストたちはそうしたことをよく知っていて、「それは言い逃れにしかならない否定だ」といったように声を上げて反論する（※24）。

核心から逃げる「8つのズルい答え方」

「返答になっていない返答」は、訓練によって見抜けるようになる。相手がこちらのさらなる質問をさえぎるために駆使する答えのパターンを知っておこう。相手にこちらをだまそうとする意図がなくても、引き下がらず、もっと質問をすべきだと受け止めるべきだ。私たちを憂うつにさせるこれらの言い回しをいくつか挙げておこう。

1―「適切な調査を実施しました」

耳触りはいいし、「いっさい調査しませんでした」と言われるよりも説得力がある。だが、実際には何を言わんとしているのか?

たいていの分野では、どれくらいの調査をすれば十分だという基準がなく、そもそも何を調査の対象にすべきかも定かではない。

経験豊富なベンチャー・キャピタリストでも、十分な調査をしないまま、流行りの産業に多額の資金を投じることがある。何をどれくらい調査したかの明確な定義がない場合、この返答は単なる「私たちの基準ではがんばったんだけど」の意味だと解釈して、**どんな証拠にもとづいて結論を出したかを具体的に尋ねて追及するべき**だ。

2 ―「すでに検証済みです」

科学では、「検証（validation）」とは、道具、尺度、検査、またはその他の、ある意図を確実に判断できるよう慎重に検討された手法を用いて、対象物の妥当性を確認することを意味する。

うつ病の判断に有効な尺度は、有効ではない尺度よりは好ましい。だがそう口にする人の多くは、検証するということが本当は何を意味するのかをわかっていない。わかっていれば、ただ検証済みだと主張するのではなく、その手順を説明するだろう。

何かが「検証済み」だと言うとき、それが実際に使われたことがあるだけである場合は多い。使用条件が今回とは違っていることもめずらしくない。そう言われたら**「検証済みであることを示す証拠は何ですか？」**と尋ねる必要がある。

3―「これは審査／認証済みです」

審査や認証の基準は、デューデリジェンスの実施基準よりもさらにあいまいだ。人を「審査」するといったら、略式の問い合わせをいくつかしたり、グーグルで検索したり、せいぜい身元調査のために経歴に目を通すくらいだ。

認証確認を求めるのは簡単だが、そこから得られた価値は出された証拠に左右される。**どんな方法が用いられ、どんな情報が集められたのかを尋ねる必要**がある。

4―「専門家のお墨つきです」

あやしい商品を宣伝する人々や企業は、自分たちの主張を支持してくれそうな有名な機関、専門家、科学出版物の名前を列挙したがるが、精査すれば、一見見事なリストが信用できないことが明らかになる。

アン・フリードマンは、ノードラー商会に売却された絵画の贋作を1枚ずつ「鑑定」したとされる専門家の一覧表を提示したが、そのうちの1人（マーク・ロスコの専門家であるデイヴィッド・アンファム）はのちに、売りに出された作品のうち、見たのは1枚だけだったと打ち明けた。

血液検査を手がけるスタートアップ企業セラノスは、同社のテクノロジーを大手製薬会社が「包括的に確認した」と主張し、自社の報告書に大手のロゴを許可なく勝手につけさえもしたが、のちに虚偽であったことが判明した。

見栄えのいい同社のウェブサイト上には、新型コロナウイルス感染症に薬剤イベルメクチンが効くと主張する多くの研究が掲載されているが、それらのほとんどが計画も実施もお粗末なものだった。そのようなリストの長さに感心する前に、**まずはこうした人々、会社、研究の言動が本当に一致しているかを気にかけるべき**だ（※25）。

5 「原本を紛失しました」

詐欺ではどういうわけか、タイミング悪く、または都合よく、証拠が消えることが多い。そのような場合、さらなる質問をする必要が出てくる。

たとえば、実験結果を捏造した疑いのある科学者がハードドライブを失くす確率は、誠実な科学者が失くす確率と同じだろうか？

データを失くしたとか、記録管理が不十分だったといった言いわけを受け入れる前に、私たちは相手が真実を語っていると信じなくてはならない理由を自問すべきだ。

重要な書類のコピーを請求するのは簡単なことだ。「もう原本は存在していません」という答えが返ってきたら、それは真偽を探るための重要な情報になる。たとえば、フロリダにあるオーランド美術館のバスキアの作品は、購入したとされる収集家の手紙によって本物であることが認められていたが、その男性が展覧会開催前に他界したため、本人が書いたことを立証できなくなってしまった。

6 ―「複数の情報源にもとづいています」

同じ情報を複数の出所から得ることは大事だ。だが、複数の情報をたどると同一の情報源に行きつく場合、それは1つの情報以上の価値がないことになる。

宇宙人が人間を定期的に連れ去っていると主張する人は、「連れ去られた人」の説明がよく似ているとして、とくに彼らが描写する、腕や脚が細くて頭と目が大きい人型ロボットのような宇宙人を例に挙げる。だが入念に調査すると、1962年以前は、宇宙人に連れ去られた報告はないことがわかる。これはテレビや映画に「宇宙人に誘拐され、性的行為や人体実験、記憶消去をされる」という描写が初めて登場した年だ。それ以降の人々の証言に、共通の特徴が多かったのも驚きではない。

1つの主張にいくつもの情報源があるからといって、その主張が信頼できるということにはならない。信じてしまう前に、**情報の発信元は誰なのか、彼らは何らかの形でつながり合っているか、彼らの動機とバイアスは何なのかを確認する必要がある**（※26）。

7 「厳格で、強固で、透明性の高い……」

この章では「証拠を示さずに品質をアピールする語句」を数多く紹介してきた。

もし誰かに「厳格な工程を経ています」と言われたら、その工程の説明を求めて、その中身が明らかにされるまでは「厳格ではない」と考えるべきだ。

誰かに「隠し立てはありません」と言われたら、**なぜ隠されているものを見せないで自慢げに吹聴するのか**をあやしむべきだ。

8 「……（沈黙）」

ときには、質問の答えがでたらめだったり言い逃れだったりするときもある。だが、単にこちらの質問に答えない人も多い。

2022年米上院選のペンシルベニア州の候補者の1人は、「ペンシルベニアに越して来たのはいつですか？」「トロイ州立大学のご出身ですよね？」「出身地はどちらですか？」といった質問に答えようとしなかった（それでも彼女は、共和党予備選でわずか数％の差で落選するところまでいった）。

相手が答えず言い逃れが多いと感じたら、勇気を出して立ち去るべきだ。セラノス社に細かな質問をしても回答が得られなかった投資家は、あっさり取引をあきらめた。バーニー・マドフに質問して、不可解な点が多すぎると判断した投資家たちも同じく手を引いたのだった（※27）。

交渉を有利に運ぶ「3つの質問」

ここまで相手がこちらの質問をはぐらかすときに用いる情報手段を見てきた。では、扉を開けるよう相手を仕向けるにはどうすればいいのだろうか？　筆者のチャブリスは以前、チェスのグランドマスターであるジェイコブ・アーガードが主催するチェス・プレイヤー向けの合宿に参加したことがある。アーガードは参加者に、自分の番が来たら、次の3つの質問をするよう伝授する。

「最悪な場所に置かれた駒はどれか」

「弱点はどこにあるか」

「相手は今、何を考えているか」

この質問をすると、最善の手がぐっと見つけやすくなる。私たちも同じように、重要な状況で用いるべき、質問のリストを用意しておくべきだ（※28）。

何かが足りないような気がするが、それが何かわからないときや、もっと情報がほしいが、具体的な懸念事項が浮かばないときは、次のような質問を頼りにしよう。

1 ─「ほかにお話しいただけることはありませんか？」

もっと話を聞かせてほしいと頼むだけで、驚くほど役立つ情報が得られるときがある。難しい質問に進む前に、まずは気軽な質問からはじめたほうがいい場合が多い。筆者の同僚も、このようなアプローチで相手に話を促すのが得意だ。彼はそうやって、必ずといっていいほど相手から多くの情報を引き出している（※29）。

2 ―「どんな情報があれば考えが変わりますか？」

あなたを説得しようとしている相手が、「自分の主張は正しい」と頭から決めてかかっていることがある。そういう場合、相手はその主張について本当に深く考えてはいないことが多い。そんなときは、「どうすればあなたの考えは変わりますか？」と尋ねてみよう。あるいは、**「なぜ一部の人はあなたの立場に反対なのでしょう？」**と**「あなたの考えに反対する専門家はいますか？」**だ。

もし顧客が、アン・フリードマンに「この絵を見て、本物だと認めなかった専門家はいますか？」と尋ねていたら、絵を買わなかっただろう（※30）。

3 「もっといい選択肢はどれですか？」

値切り交渉などに見られるこの一般的な質問は、他の多くの状況でも使える。ある友人がこんな話をしてくれた。友人夫婦はホテルの受付で部屋を割り当てられたとき、毎回フロントの受付係に「もし私たちが部屋を見て気に入らなかったら、変更をリクエストすることになります。だから、最初から選択肢をいくつか示してもらえませんか？　そうすれば、お互いに手間が省けるはずです」と伝えるのだという。

この方法は、選択肢を1つしか提示されなかったときはいつでも応用できる。

「もっといい選択肢はどれですか？」とか**「最善の選択肢を2つ示してもらえませんか？」**と聞くほうが、「他の選択肢はありませんか？」と聞くよりよい。

後者だと「ありません」と言われかねないからだ。

新しい情報に振り回されない

質問開始後は、相手の返答から得られた新しい情報に惑わされないように気をつけよう。人には、新しい情報を過度に重視する傾向があるからだ。

ドナルド・レデルマイヤーと同僚は574人の高度学術医にこう伝えた。

「想像してほしい。飛行機に乗っている乗客のうち、医者はきみだけだ。1人の乗客が胸の痛みを訴えていて、フライトを続けるか、最寄りの空港に進路を変更するか決めなくてはならない」

レデルマイヤーらは、医者たちを無作為に2つのグループに振り分けた。医者たちは、1つ目のグループでは患者の心拍数と血圧が告げられ、2つ目のグループでは心拍数のみを告げられたあと、血圧の情報も知りたいかどうか尋ねられた（※31）。

2つ目のグループでは、医者のほとんどが血圧も知りたいと答え、そう答えた場合は1つ目のグループと同じ数値、つまり、収縮期圧（最高血圧）は120（成人にとっての「正常」

上限値）だと伝えられた。しかし、血圧の情報を求めただけなのに、彼らの提案は変化した。血圧を前もって知らされた医者たちの89％がただちに着陸するよう提案したのに対し、血圧の情報を求めた医者のうち、着陸を勧めたのはわずか15％だった。

どちらのグループもまったく同じ情報を得ていたにもかかわらず、後者は新しい情報に影響されたために、前者とは異なった決断をしたのである。

「習慣」から抜け出す方法

目の前の情報に焦点を絞りすぎると、重要な情報を見逃しかねない。過去の経験に頼って何が起こるかを予測しようとすれば、それを見透かした相手につけ入る隙を与えてしまう。信念や決意に従って行動すれば、その信念や決意が何かを知る相手の餌食になりやすい。効率的になろうとするあまり、重要な質問をする前に決断をしてしまうこともある。

人間のこうした思考の習慣のうち、1つだけを利用しても、単純な詐欺は成立する。だが、複雑で長期的な詐欺的行為は、これらの習慣すべてにつけ込もうとする。**私たちは、他人とかかわりあうときに効率を求めて近道したり、相手が正直で誠実だと思い込んだりせずにはいられない。だからこそ、このような詐欺は成功する**のだ。

もちろん、強い猜疑《さいぎ》心にかられ、何かをしようとする度にすべてを確認していたら、日常生活に支障が生じてしまう。しかし、少し意識的になるだけで、相手の提案を受け入れてもいいときと、さらに詳しく調べる必要があるときを見極められるようになる。

フック

5

一貫性

コンシステンシー

この世界は不合理だ

「うますぎる話」を見抜く方法

一貫性を品質や本物の証しと見ることは多いが、本物のデータにはほぼ必ずばらつきや「ノイズ」がある。現実的なレベルの脈絡のなさや誤差を探せば、だまされずにすむだろう。

2022年2月、米国司法省はサティッシュ・クンバニを最高70年の懲役刑を伴う5件の詐欺罪で起訴した。彼は当時、インドに住んでいると思われていたが、1カ月後、姿を消した(※1)。

クンバニは、暗号資産市場への参加を勧誘する企業、ビットコネクト社の創業者である。暗号資産は、発行主体がなく特定の国家に依存しないデジタル資産だ。

世界初の暗号資産で、もっとも有名な暗号資産でもあるビットコインは、「サトシ・ナカモト」という匿名の人物によって2008年に発明された。発行量に上限があるため、その価格は希少性と結びついている。そういう意味で一般的な通貨より金や石油に近い。

複雑な数学の問題を解く計算資源（コンピューターの処理時間とコンピューターを動かすのに要するエネルギー）を使って、ビットコインをもっと大量に〝採掘（マイニング）〟できる。ビットコインは巧妙なコードで記述されており、およそ2100万ビットコイン以下しかマイニングできないようになっている。だから、ある意味、金よりずっと安定した資産なのだ（※2）。

金や伝統的な通貨同様、ビットコインもマイニングのスキルや技術力がなくてもネット上で売買できる。価格は日々大きく変動しうる。その価格変動をならすとビットコネクト社は保証した。

同社専有のビットコネクト・コインは、同社のプラットフォーム上の取引にしか使えないにもかかわらず、2017年の後半には世界トップ20の暗号資産の1つになった。

同社は「レンディング・プログラム」という名のもとに、顧客からビットコインを預かり、自社のビットコネクト・コインを代わりに渡した。

その後、基礎となるビットコイン資産の激しい価格変動を緩和しながら、顧客に安定した利益を還元するために「ビットコネクト・トレーディング・ボット」や「ボラティリティ・ソフトウェア」を使って預かったビットコインを投資した（※3）。

クンバニの起訴状によれば、同プログラムは投資家から最終的にビットコインで24億ドルを集めたが、いっさい運用していなかったとされている。顧客のビットコネクト社への投資が儲かっているように見せるために、さまざまな見せかけの送金やほかの複雑な取引をして詐欺的性質を隠蔽《いんぺい》した。

一方で、顧客が配当を引き出したい場合には、別の投資家から預かった金を支払った。要するに、ビットコネクト社は、現代のデジタル資産という服をまとった古典的なポンジ・スキームなのだ。

ポンジ・スキームは、チャールズ・ポンジの名に由来する。1919年、ボストンに住むイタリア系移民のポンジは、いろいろな国で国際返信切手券の売買をして金を稼ぐ方法を思いついた。たとえば、こうした切手券がイタリアの郵便局では1ドル相当で販売されているのに対し、米国では2ドルで販売されていたらどうだろう。ポンジは、イタリアにいる人に金を送って切手券を買わせて米国に送らせ、それを地元の郵便局に売って利ざやを稼ぐことができる。

価格差を利用したこの単純なスキームは結局、規模を拡大して機能しなくなり、国際ルールにも触れた。だが、ポンジはそれに気づいたとき、すでに「毎月10%の運用益を保証する」と投資家に向けて宣伝を始めていた。銀行の普通預金口座の利子の約46倍である。

1年もしないうちに、3万人もの顧客を獲得した。彼には顧客にした約束を果たす然るべき方法がなかった（切手券のスキームは、どうやって金を稼ぐか聞かれたときの作り話にすぎなくなっていた）。

そこで、集めた投資資金を、初期の顧客への支払いに回し始めた。約束した途方もない率の運用益のせいで、たちまち支払いは滞った。倒産のうわさが引き金となって引き出しが殺到し、捜査が行われ、ポンジは詐欺による有罪判決を受けた（※4）。

ポンジ・スキームは、今では、後から参加する出資者の金を既存の出資者の配当金に回す投資詐欺の一種として定義されるようになった。

一般に、被害者は出資した金が資産として運用されると信じているが、実際には、一部を運営者が着服し、一部を他の出資者の「配当金」として支払い、残りは将来の払い戻しに備えて蓄えられる。

大方のポンジ・スキームは同じ筋書きで行われる。詐欺師は、法外に高い率で毎月あるいは4半期の一貫した配当金を約束し、絶対に元本割れしないと説明する。最終的に、この手のあらゆるスキーム——マルチ商法組織からネット上のネズミ講、インチキ投資ファンドまで——は、新規の投資家/被害者がいなくなる。すると、最後に参加した人は投資額すべてを失うことになるのだ（※5）。

ポンジの名にちなんだスキームは形を変えてその後、世界じゅうでくり返されている。いうまでもなく、毎月一貫して5％に近い配当（複利で運用すると年率80％もの利回りになる）が保証された投資も絶対に損失の出ない投資もない。

もっとも「安全」に近い投資は、米国債権である。**現在、標準的な10年国債で年利3・5％、過去最高は1981年の約16％。これより高い配当を保証するとか、損をしないと約束されたら、注意したほうがいい。**

バターのようになめらかに

バーニー・マドフが運営していたインチキ「ヘッジファンド」は、おそらく過去最大かつ最長記録のポンジスキームだろう。

マドフは1960年代初頭から人の金を管理しだした。だが、彼のポンジスキームが始まったのはもっとあとになってからだ（早くて1970年代、1993年には確実に始まっていた）。そのときから詐欺が明るみに出てファンドが閉鎖される２００８年まで、マドフは顧客の金を実際には運用していなかった。投資家たちは長年にわたり約２００億ドルを彼に預け、取引明細書によれば、閉鎖したときのファンドには約６５０億ドルがあるはずだった。しかし、実際には２億２２００万ドルしかなかった（※６）。

マドフの詐欺は各方面で詳細に報じられたが、そのしくみやそこから学ぶべき教訓については多くの誤解がある。彼が運営していたファンドは、あらゆるポンジスキームの源と呼ばれているが、もともとのポンジのスキームとはいくつかの点ではっきり違った。

マドフは突飛な率の運用益を約束しなかったし、損失に対する保証もしていない。彼の投資家たちは非常に世慣れているため派手なポンジのやり口にはひっかからないからだ。代わりにマドフは、手っ取り早く大金が稼げるスキームではなく、もっと妥当なものを提示した。**変動の少ない右肩上がりの着実な成長**である。

なめらかな上昇傾向の「一貫性」こそが、マドフのスキーム特有の「価値ある提案」だった。そのスキームを実践しているあいだ、市場全体の年間の動きが最高益37％から最大損失25％まで変動しても、彼は毎年７％から14％を還元した。一貫性は不確実に対する不安を取り除き、リスクを伴うマイナスの結果への恐怖を振り払う。たまに損をしても長期的には取り返せることも含め、ある程度の不確定要素を受け入れる場合でも、損をする危険は避けたいと思う人は多い（※7）。

実際、1991年から彼がフル稼働した最後の年である2007年までマドフに投資した場合、（偽の）平均リターンは10・35％で、S&P 500の株価指数〔米国の代表的な株価指数〕のリターンである11・29％を下回っている。マドフのレポートには確かに時おり下降する月が何度かあるが、ゆっくり時間をかけて滑らかに上昇を続けるパフォーマンスグラフのなかでほとんど目立たなかった。彼の投資家たちは短期国債の安全と安定を求める一方で、リターンについては株式市場に近いものを得たがった。

人は、高配当が見込めても危険な賭けを避けたがる。儲かる喜びよりも、損失を出す心痛のほうが大きいからだ。

株式市場と似たところのあるコイン投げの賭けを想像してみよう。表が出たら10ドルもらえるが、裏が出れば損をする。損がいくらならゲームをやってもいいと思うだろうか？資金に余裕があり、長時間ゲームを続けられるなら、裏が出たときに9・99ドル損しても問題ないだろう。くり返しすればコインを投げるたびに平均0・01ドル儲かることになるからだ。ところが、たいていの人は5ドル程度と答える。0ドルと言う人も多い。要は、**損する可能性があるなら、ゲームをする気はない**のだ（※8）。

損失のリスクはどんな合法的な投資にもつきものである。こうしたリスクを嫌う人々がマドフの提案に群がった。それは、負ける年のない細く長く安定した年間リターンだった。新しいウイルスが既存の免疫を回避するように、マドフのスキームは、（ビットコネクトのような）突拍子もないスキームは避けたほうがいいと重々承知しながらも、一貫したプラスのリターンなら大丈夫だとあくまで信じる投資家たちのあいだで流行した。

金融ジャーナリストのダイアナ・エンリケスは、著書『ウィザード・オブ・ライズ　嘘の天才（未邦訳／The Wizard of Lies）』で、マドフの詐欺をみごとに説明している。エンリケスによれば、マドフのスキームはポンジ詐欺の現代版である。

マドフに金を預けた大勢のプロの投資家が〝せめて年8％をリスクなしで稼ぐくらい、十分にありえると考えた〟。そして、マドフがリターンをより現実的に見せようとして時おり元本割れさせるたび、こうした顧客は不機嫌になったと書いている（※9）。

マドフスキームが急激に広まったのは、リスク回避や損失回避に加え、一貫性を好むという、人間の別な面に起因していると考えられる。言い換えれば、**一貫性の対極にある「ノイズ」への理解不足と不当な嫌悪が原因**である。

ここでいうノイズとは、あらゆる複雑なプロセスが本質的に抱えるランダムな側面を指す。冬から春になるとき、気温が毎日1度ずつ上がるわけではない。野球のチームは毎試合、同じ得点を挙げるわけではない。株価は1日1日、毎週毎週、10年ごとでさえ、大幅に変動する。企業の1取引日の平均的な最高値と最安値は2％近くも違う。

要するに、現実世界の実データにはノイズがある。にもかかわらず、**専門家でさえもノイズがないのは有望で魅力的だと思う**ことが珍しくない（※10）。

筆者の同僚が最近、投資マネージャー向けにセッションをした。彼はマネージャーたちに、スキームが崩壊する前の長年のマドフのパフォーマンスを、ほかの3つのヘッジファンドや市場全体と比較するグラフを見せた。ただし、4つのファンドはすべて偽名だ。そして、どのファンドに自分の会社の金を投資したいか尋ねた。

マドフの線は当然、ほかの線よりはるかに滑らかである。プロ集団でさえ、全員マドフのファンドを選んだ。マドフのあり得ないリターンがほんの数年前に業界で大きな話題になったにもかかわらず、彼らは一貫性に強く引きつけられたのである（※11）。

一貫性の欠如を危険信号と見なすのは不合理なことではない。

取り調べのたびに話の内容が食い違う容疑者は嘘をついている可能性が高い。

税務申告の際には当局に自分の資産は大した価値がないと言うのに、有利な金利でローンを組みたいときには自分の資産には何倍もの価値があると銀行に言う大物実業家は、きっとどちらかに嘘をついている。

向き合う聴衆によって立場を変える政治家の関心は、よい政策を行うことより公職に就くことにある。

だが、一貫性がないことがすべて悪いわけではない。私たちは強力なリーダーは信念を絶対変えるべきではないと往々にして思うし、対抗勢力は、政策転換を「flip flopping(意見をコロコロ変える)」とか「playing politics(政治的利得のために行動する)」と批判する。

しかし、偉大なリーダーは、現実が変われば、考えを変えることを厭《いと》わないものだ。新たな事実に対応して信念をアップデートするのは、理にかなっている(※12)。

残念ながら、ノイズは不当に悪者扱いされている。**私たちはむしろノイズがあるのは当然だと見なし、ノイズがないことを問題にすべき**なのだ。

多くの要素が複雑に絡み合うシステムでは、短期的なパフォーマンスは大きく変動するはずである。長期的な平均が短期的なリターンにそのまま反映されると期待してはいけない。**「ノイズはどこにあるのか?」**と問えば、滑らかなパフォーマンスを疑わしい目で精査するきっかけになる。結果に影響しそうなあらゆる要因を検討し、それらが個々に、あるいは組み合わさってどれだけのノイズになるかを評価できる。

完璧に品質管理された理想的なロボットの組み立てラインでは、すべての製品は同じになるだろう。しかし、組み立てを不完全な人間、材料、道具に頼るなら、それらの相互作用により一貫性は損なわれ、欠陥品が一部できるだろう。

生成過程でノイズが多いほど、結果に一貫性を期待できなくなる。特に、短期的な一貫性に惑わされないように注意しよう。どんなランダムなプロセスでも偶然、同じ結果が連続して数回起きることがあるからだ。

さあ、ノイズを歓迎しよう

一般的に、個人も組織も、人間の行動のノイズを排除すべき問題と考えている。この場合のノイズは、ダニエル・カーネマン、オリヴィエ・シボニー、キャス・サンスティーンの著書『NOISE　組織はなぜ判断を誤るのか？』(早川書房)で有名になったノイズを意味する。

意思決定者間の不確定で、あてにならない、不当な判断のばらつきのことだ。けれど、誰かにだまされたくないとき、ノイズは私たちの味方になる。どの程度のノイズが発生するかを予測する単純で普遍的な目安はない。しかし、ある人の成果にノイズがなさすぎて真実とは言い難いかどうか評価するのに役立つ、３つの原理をご紹介しよう（※13）。

第１の原理――「人間のパフォーマンスには、意外なほどノイズが多い」

２０１６年、優勝オッズ５０００対１のレスター・シティーがイングランド・サッカー・プレミアリーグで優勝した。しかし、レスター・シティーは当時も今も上位に入るクラブではない。前年度は20チーム中14位、優勝後のシーズンはいつもの年と同じくらいの12位に沈み込んだ。バスケットボールの８割シューターが毎試合きっちり８割シュートを決めるわけではなく、野球の２割５分打者が毎試合４打数１安打を出すわけではないように、レスター・シティーの成績も長期的な平均値のあたりで変動している（※14）。

スポーツのパフォーマンスに言えることは金融市場でも同じで、常に安定したパフォーマンスを出す投資はない。

通称「ロンドンのクジラ」として知られるようになったトレーダーのブルーノ・イクシルは２０１２年、ＪＰモルガン・チェースに数十億ドルの損失を与えた。特定の債券の価値がさほど変動しないことを見込んでＪＰモルガンの金を投資したのが原因である。その予測が外れた場合、価格の変動により彼の持ち高の価値は下がることになる。

結果的に、イクシルが乱高下しないと考えたのは、２つの数字を組み合わせる公式を間違えるという、単純な表計算のミスが招いた幻想だった。歴史上もっとも高くついた、表計算ソフトの「エクセル」上のミスかもしれない（※15）。

第2の原理——「気づくためにも一貫性に注意を払う必要がある」

素人投資家の多くは、手間暇をかけて投資リターンの変動をグラフにしないし、毎年のリターンを比較することさえしない。

マドフの顧客は、詳細はチャートやグラフ入りの報告書を入手できなかったし、今日の主要金融会社が提供する即時アクセス可能なオンラインサービスもなかった。彼らの口座残高は、分厚い（彼らの口座で行われたことになっている偽の取引を「確認する」）確認書の最終ページに記載されていた。なかには、マイナス月がなぜかないことにすら気づかない顧客もいたかもしれない。

第3の原理——「疑わしいパフォーマンスが、第三者のパフォーマンスより一貫性があるかどうか確かめよう」

この場合、第三者は意図的に同じことをする必要がある。前述のダーク・スミースターースの「クールなTシャツに払いたい額」の研究の例で説明すると、ウリ・サイモンソンが、

5ドルの倍数パターンがスミースタースの報告にどれくらい多く見られるか確かめようと思ったとき、彼は入札金額の分布を、多くの類似研究のパターンと比較しただけではなく、みずから行った再現実験の結果とも比較した。

同様に、マドフのスキャンダルの直後に被害者何人かに雇われた会計士、マイケル・デ・ヴィータも、マドフが報告した年間リターンを競合商品と比較した。大手4社（フィデリティ、ジャナス、アメリカン、バンガード）の定評のあるミューチュアルファンド16商品のデータを集め、それらの平均年間リターンが、マドフと同等かそれ以上であるか調べた。そこから彼は、「マドフが報告したリターンは、長期的に市場に投資すれば、それくらいのリターンがあると投資家が期待するのも無理はない」と結論づけた。

ただしデ・ヴィータは、マドフのリターンの一貫性とほかのファンドのリターンの一貫性を比較していない。金融の世界には、「無料のランチなどない（ただより高いものはない）」という格言がある。高配当には大きなリスクがつきものだ。

筆者がデ・ヴィータのデータをみずからチェックした結果、マドフのリターンに相当するリターンを出すファンドは、マドフの平均6倍超、乱高下していた。さらに、マドフより変動の少ないファンドは1つもなかった（※16）。

「ちょっとずつ変える」とわからない

チェスや投資の世界と同じように、一貫性があり過ぎると、科学の世界でも不正行為の兆候になる。一貫性があまりに極端でばらつきがまったくなく、データやグラフィック画像の完全コピーとしか考えられない場合もある。

2000年、ニュージャージー州にある有名なベル研究所の物理学者ヤン・ヘンドリック・シェーンは、5本の論文を米国の一流科学雑誌『サイエンス』に、3本の論文を英国の同等クラスの雑誌『ネイチャー』に発表した。

その翌年、また別の論文を4本ずつこの2つの雑誌に発表した。

2年のうちに合計16本。これは主要大学の物理学部全体の重要論文の数に匹敵する。

シェーンの論文は高温超伝導に関するものだった。高温超伝導とは物質を冷却したときに電気抵抗が0になる現象で、21世紀へと時代が変わるときに注目を集めた科学的な話題だった。

とりわけ印象的なのは、31歳のシェーンが、この画期的な研究をすべて1人でやってのけたということである。本当にそうだろうか？(※17)

学術記事や学会発表に使われるチャート、ダイアグラム、グラフは、情報を伝え、アイデアをわかりやすくするために作成される。それとは対照的に、美術は、見る人の感情や美に対する鑑賞力に訴えるために制作される。

だが、どちらのタイプの画像にも説得力と影響力がある。どちらも見る者に畏敬の念を抱かせ、洞察力を高められる。どちらも明晰さ、優雅さ、完璧さを印象づけられる。どちらも人をだませるのだ。

イライ・サカイと彼のギャラリー「エクスクルーシブ・アート」の事件について考えてみよう。この事件については、アンソニー・アモーレが著書『ペテンの芸術(未邦訳/The Art of the Con)』で詳述している。

サカイは、マルク・シャガールやアメデオ・モディリアーニなどさまざまな20世紀の画家たちの原画（ただし、マイナーな作品）を購入した。それから、名画を複製する訓練を受けた才能ある中国人の画家を何人も雇った。時には彼らが米国に移住するためのスポンサーにもなった。サカイは彼らをスタジオに入れ、古ぼけたキャンバスを買ってきて、自分が合法的に所有する絵画の贋作をつくらせた(※18)。

なぜすでに所有している絵の贋作をつくるのか？

第1に、原画が目の前にあれば、完璧な複製をつくりやすいからである。筆づかいやキャンバスの裏側の印や絵の具のしみなど、隅々まで確かめられる。

第2に、原画の鑑定書があれば、売りに出す複製の出どころに疑義を唱えられることはない。サカイは、原画を手元に置きながら、このようにして数百点の複製画を販売した。

だが、同じ作品を二度販売し、とうとう破滅した。最初に複製を売り、その後で原画を売ったのだ。ポール・ゴーギャンの『花瓶の花（リラ）』の原画がサザビーズのカタログに載ったのと同じシーズンに、贋作の購入者がクリスティーズ経由で同じ絵を売りに出したのである。別の収集家は、購入したパウル・クレーの絵と同じ絵がサザビーズで販売されていることに気づいた。ＦＢＩの捜査により同様の事例がさらに発覚し、サカイはそのすべてに関与していた（※19）。

美術品の出どころは不明瞭なこともあるため、矛盾をうまく言い逃れられるケースもある。だが、ギャングのバグジー・シーゲルが何人かの個人投資家を説得して結果的にフラミンゴカジノの１００％以上の持ち分を売ろうとして学んだと言われているように、同じものを複数回販売する詐欺を言葉たくみに切り抜けるのは難しい。

贋作を販売する悪徳業者はイライ・サカイだけではないが、名画を比較的目の肥えた客に売ろうという企ては前代未聞だった。

サカイと同じく、物理学者のシェーンもしばらく専門家を欺くことができた。同僚が革新的とされる彼の実験を再現できない（時間と労力を無駄にし、みずから犠牲になった）とわかるまで見破られなかった。

ある報告によれば、100の研究所が合わせて何千万ドルも費やし、シェーンの発見を踏まえた研究を試み、失敗したということだ。そののち、シェーンの論文とそのみごとな成果に対する調査が始まった。

2002年にシェーンの雇い主が委託して独自調査を行い、シェーンが同じ研究をくり返し「売り込んで」いたことがわかった。彼はいくつかの論文のデータを捏造し、尺度やラベルを変えたり、一定の係数ですべての数値をかけたり割ったりして、結果の数字をほかの論文に転用していた。実験結果を示すグラフは単体だと素晴らしく見えるが、元ネタが同じほかのグラフと並べると、コピーであることが明白だった（※20）。

ヤン・ヘンデリック・シェーン本人以外、彼の共著者も含め物理学の関係者全員が、今や彼の実験結果は不正だったと認めている。

2022年9月現在、シェーンの論文32本が掲載された科学系の学術雑誌から撤回されている。記録の訂正には何年もかかった（※21）。

20年前、シェーンが白黒の折れ線グラフを再利用していた頃、科学的な画像操作はめったにないことだと考えられ、それをわざわざ探すのは、干し草のなかで針を探すのと同じくらい非生産的なことだとみなされただろう。

科学系学術雑誌が急増したことに伴い、画期的な研究成果を用いて影響力のある発表をしなければならないという研究者へのプレッシャーが増し、多くの発表の場で審査基準が緩んだ今、状況は一変している。

1990年代後半には、認知科学者ロナルド・レンシンクが、「変化の見落とし」として知られる現象の最初でもっとも重要な研究を行った。「変化の見落とし」は、瞬きや画面の点滅など、短い中断のあいだに変化が起こるかぎり、画像が一部変化しても気づかないという現象である。

ある実験で、レンシンクは、最初に見せた飛行機の写真を、エンジンが1つもない飛行機の写真に差し替えた。この2枚の写真のあいだに空白の画面を一瞬挿入して分けて見せると、注目すべき場所がわかれば違いは明らかなのに、たいていの人は何度やっても変化を見逃してしまう。

変化を見抜くのはなかなか難しいが、レンシンクは、たくさんの変化するもののなかで唯一変化しないものを見つけるのはもっと難しいとも言っている。毎回色が変わる12の形のなかで、色の変わらない形を1つ見つけようとしたら、どうだろうか（※22）。

こうした作業が難しいことを考えると、エリザベス・ビクの活動は驚異的である。オランダ出身の微生物学者ビクは、科学研究の不正を調査する活動を独自に行っている。彼女は、まったく異なるはずの画像から「同一性」を見抜く名人だ。たとえば、拡大、縮小、回転させたり、あるいは脈絡なく視覚的ノイズが加えられたりして、コピーされた箇所が違って見えるように微調整されていたとしても、優れたパターン認識力にものを言わせ、科学的な画像の複製された箇所を見抜く。

ビクは出版された数多くの論文からこれまで何千という重複を暴き、少なくとも1つの「論文工場」――400の異なる科学論文に使われ、捏造されたと見られるデータの大元の情報源――を明るみに出すことを主に担当した。科学分野の学術雑誌『Molecular and Cellular Biology（分子生物学および細胞生物学）』を検査し、約6％にあたる59本の論文から、改変または複製された画像の証拠をつかんだ。彼女の努力の甲斐があって、5本は撤回され、別の41本は修正された（※23）。

データの重複が非常に明確な場合には、特に優れたパターン認識力がなくても重複を見つけられることもある。いくつかの異なる論文に、不思議なほどくり返し現れる同じ数字に注目すればいいだけだ。

データ調査員のニック・ブラウンは、栄養学研究者のブライアン・ワンシンクが行った調査の回答者数が、募集方法が違っていても、疑わしいくらい毎回同じなのに気づいた。

ある調査では、全国から無作為に抽出した成人の被験者に1002通のアンケートを郵送し、770通の回答があった。別な調査でも770通の回答を得たが、このとき郵送したのは1600通だった。さらに2000通を郵送した3回目の調査でもまた770通の回答を得ていた。

SFテレビドラマ『スター・トレック』に登場するミスター・スポックがカーク船長によく言う表現を借りれば「3件の異なる調査でどれもまったく同じ回答数770を回収する確率は、およそ［ここに天文学的に大きな数字を入れる］分の1である」（※24）。

ワンシンクは、栄養学研究の第一人者だった。しょっちゅうテレビに出演し、米国政府に協力し、学校における栄養ガイドラインの作成に携わった。

ブラウンら調査員は、ワンシンクが書いた『The Grad Student Who Never Said 'No'（絶対ノーと言わなかった大学院生）』と題する2016年のブログ記事を見て、調査すべきだと考えた。その記事は、素晴らしい成果を導くために、いいとこ取りの勝手な分析や、データの再分析を奨励していたからだ。

筆者が最初にその投稿を読んだとき、質の悪い科学につながる邪道な動機を皮肉って書いていると勘違いした。だが、そうではなかった。その記事は、誤解を招きかねない、見出しを飾るような「発見」を発表するためのハウツーマニュアルだったのだ。

ワンシンクの全研究を調査したニック・ブラウンたちは、度を超した一貫性ばかりでなく、テキストの再利用やそのほかの問題も発見した。

こうした告発を受けて、コーネル大学がワンシンクを調査し、「調査データの虚偽報告をはじめ、研究と学問の分野で不正行為を働いた」と結論づけた。ワンシンクは研究と教授の職を剥奪《はくだつ》され、コーネル大学を辞職した（※25）。

「平均して」と「常に」の決定的な違い

重複したデータは、不注意によるものであれ、意図的な不正によるものであれ、科学的なミスの明白な証拠である。しかし、実験結果が、ある研究から別の研究にコピーされていないとしても、一貫性がありすぎると不信を招く。
イェンス・フェルスターとマルクス・デンツラーが学術雑誌『Social Psychological and Personality Science（社会心理学・パーソナリティ科学）』に発表した２０１２年の論文をめぐる事件について考えてみよう。

この論文で報告されているのは「創造性と意図的な思考に及ぼす包括的及び局所的な感覚作用の影響に関する12の独立した実験」である。

これは、ある対象について、その細部に焦点を当てる（局所的に考える）より全体として（つまり、包括的に）考えるほうが、直後に認知的作業を完成させる場合、より創造性のある対応をしたり、より広い視野で考えたりできるという仮説にもとづいている。

何も指示されていないグループ（対照群）は、包括的に考えるよう言われているグループと局所的に考えるよう言われているグループの中間に入るはずである。

12の実験それぞれで、フェルスターは、直線的な傾向、つまり「包括的に」考えるよう言われた被験者と「局所的に」考えるよう言われた被験者の平均値を結ぶ直線を予測し、実際にそれを確認した。

いずれの場合も、何も言われていない対照群は中程度の得点になると予想され、実際そうだった。事実、あまりに中程度だったため、３つのグループを結ぶ線はどの研究でもほぼ直線を描き、フェルスターの予測と結果を完璧すぎるくらいに完璧にした（※26）。

何千人という被験者を対象にした多くの研究の全体を通して見れば、中間のグループは、平均してほかのグループのちょうど真ん中に位置するかもしれない。だが、平均値を調べる小規模な研究のいずれでもそれを期待できるとは思えない。

中間グループがほかの2つのグループの中心点あたりにたまたま点在するかもしれないし、その中心点からはるかに離れる場合もある。時おり、「中間」グループがほかのグループより高い、あるいは低い得点になることさえあるかもしれない。中間グループが毎回ほかの2つのグループのちょうど真ん中になるというのはおよそあり得ない。100回コインを投げて、ちょうど50回表が出るようなものである。それが起きるのは、たった8％未満の確率でしかない。コイン投げの「調査」を何度もくり返し、100回投げて常に50回表が出ると想像してみよう。そんなことは、14兆回に1回も起きないだろう。

オランダ国家研究校正委員会がフェルスターの論文のいくつかを調査し、この12の実験ですべて同じ結果を得た創造性に関する論文が撤回された。

報告書では「対照群の得点に見られる多様性は、あり得ないほど少ない。これは、単に実験手法や研究方法に不備があったという理由で説明できる程度ではない」と述べられている。

言い換えれば、すべての結果に一貫性がありすぎて、不適切なデータ管理、偏った方法でのデータ分析や、決まったパターンを示さないデータを除外した可能性があるということだ。

当時、フェルスターには500万ユーロの研究費が支給されており、ドイツのルール大学ボーフムの終身在職権が与えられるところだった。しかし、彼は大学を辞職し、「ポジティブ心理学」の個人事務所を開設した（※27）。

あまりに「等しすぎて」あやしい

過度の一貫性が引き金となり、「創造性に及ぼす知覚プロセスの微妙な効果」よりもはるかに重大な影響を生じさせる、研究の不正行為への調査が行われたケースもある。

実例を挙げよう。日本の生物医学研究者、佐藤能啓《よしひろ》は、骨折に関する何十もの臨床試験のデータを捏造した。ほとんどすべての治療から大きな効果が得られたと一貫して報告していた。佐藤の研究の問題を示すもっとも有力な証拠となったのは別の一貫性だった。イギリスの栄養化学者アリソン・アヴェネルは、論文の執筆にあたり、多数の論文を調べるうちに、佐藤の論文2本におかしな点があることに気づいた。臨床試験開始前に集めた多くの測定での平均点が、治療を受けるグループ（治療群）と受けないグループ（対照群）でほとんど同じだったのだ。

佐藤が行ったとされるような臨床試験では、被験者は無作為に治療群と対照群に割り当てられる。

被験者が無作為に割り当てられるのは、比較するグループ同士が調査のあらゆる面において直接操作されないようにするためである。もっと正確には、無作為に割り当てることで、誰がどちらのグループに属するかという系統的バイアスがないことを保証する（※28）。

ここで、想像してみよう。バスケットボールの試合をするために2チームを選出する。チーム名はそれぞれレッドとブルーとしておこう。体育会系の人間をすべてレッドチームに入れ、ブルーには運動が苦手な人しか入れなかったら、不公平だろう。

つまり、系統的バイアスになる。代わりにコイン投げで決めたら、体育会系も運動が苦手な人も同じ確率で各チームに入る。それでも片方のチームのほうが強いかもしれないが、その優位性は偶然によるもので、バイアスによるものではない。

コイン投げで意図的に一方のチームが優位になることはない。毎回チームを選出するときに、コイン投げでつくれば、平均的なレッドチームと平均的なブルーチームは、運動が苦手な人と体育会系が同じ割合で交じっていると予測できる。やり方は間違いなく公平だが、特定の試合でレッドチームは、ブルーチームより運動が苦手な人の数が多いということはあるかもしれない（逆もまた然り）。

臨床試験で無作為に被験者を割り当てる場合も同じだ。誰もが等しく治療群にも対照群にも入る可能性があるので、学歴、年齢、重要な疾病重症度、健康行動、治療に対する反応の予測因子（測らなかった、あるいは測れなかったものを含む）など、さまざまな要素で個人差が〝平均して〟等しく分布することになる。つまり、治療群あるいは対照群に系統的に偏ることがない。

しかし、どのような研究でも被験者の無作為な割り当てで、治療群と対照群があらゆる点においてまったく同じになるという保証はない。事実、ほぼあり得ない。

データ数の多い研究の場合、治療群と対照群は、薬やプラシーボなどの投与を始める前から、いくつかの点で当然異なっている。データ数の少ない研究の場合、こうした基準の違いが大きく現れるかもしれない。

たとえば、被験者のほとんどが30代の小規模な研究で、１人だけ60代だった場合、この高齢の被験者が入るグループのほうが平均年齢は上がる。無限に研究をくり返せば、この60歳以上の被験者は治療群にも対照群にも等しく入る可能性があり、2つのグループの平均年齢は等しくなる。しかし、短期的には、無作為でも「公平」にはならない（※29）。

皮肉にも研究者は、対象となる研究の介入効果の解釈が複雑になるという理由で、基準の違いを見つけたがらない。

たとえば、治療を受けたグループが、受けていないグループより具合が悪くなり始めたとしたら、治療が適正でなかったのかもしれない。だからこそ、信憑性のある結果を捏造しようとする悪しき研究者は、時に度を超して基準の違いを排除しようとするのだ。

一方で、複数のグループが、あらゆる基準において酷似している場合、どこかおかしいという警告のサインになる。そしてそこから、佐藤の不正が明るみに出る。彼の研究の多くで、基準の差がほぼないに等しかったからだ。

アヴェネルはマーク・ボランド、グレッグ・ガンブル、アンドリュー・グレーの協力を得て、佐藤が同僚たちと発表した32の臨床試験から個々の違いを示す513の指標を収集した。

彼が被験者を無作為に2つのグループに割り当てたとしたら、治療群と対照群にはさまざまな差があるはずだ。ところが、マドフのリターンの年々の差が一貫して非常に小さいように、佐藤の基準の差もあり得ないほどゼロに近いことが非常に多く、偶然とは言いがたかった（※30）。

1件の研究または一連の研究に見られる基準の違いのパターンを、本当に無作為な割り当てをした場合に起こるはずのパターンと比較するというアプローチは、もともと英国の麻酔科医ジョン・カーライルが確立した。

彼は、無作為に選んだ麻酔の対照試験〔被験者を2つのグループに分け、一方には本物の薬を、他方には偽薬を投与して結果を比較する〕5000超をこの方法で調べた。うち72本はデータ操作または不正のためすでに撤回されていた。撤回された論文の約6割にあたる43本で佐藤の研究と同じことが行われていた。

つまり、一貫して基準の差がほとんどない試験が目についた。まだ撤回されずに科学文献に掲載されていたほかの15％の論文もカーライルの調査で不合格だった。

このことは、基準の一貫性が問題を見抜くための信頼できるサインであることと、現場にはまだまだ問題が潜んでいることを示唆している。

カーライルの調査により、日本の麻酔学者、藤井善隆《よしたか》による学術論文183本が撤回されることになった。藤井は現在、1人の研究者について撤回された学術論文数の最多記録保持者である（※31）。

不正を働く者だけが一貫性を利用するわけではない。多くの真っ当な企業は、消費者が一貫性を非常に重んじることを認識し、顧客に自社の製品やサービスに信頼を寄せてもらうために尽力している。「ブランド」とは、顧客がいつどこでそのブランドに出会っても常に期待どおりの品質を得られるという信頼のことだ。

一貫性への期待こそが、企業が自社の製品に商標を求め、保護する理由の1つである。ルールを無視し、独自の「マクドナルド」を提供して客にまずいハンバーガーを食べさせる店は、近隣の正当なマクドナルドの売り上げを食うばかりか、マクドナルド全体への顧客の印象を食いつぶし、企業イメージを傷つけることになる。

マクドナルドのようにその分野で世界一でなくとも、毎回同じものを出していれば、顧客は、今よりいい品質に出会う可能性（ほかのレストランのハンバーガーのほうがはるかにおいしいという可能性）をあきらめ、今より悪いサービスに出会わないままでいる安全（本当にまずいハンバーガーを食べる可能性がほとんどなくなる）を取るだろう（※32）。

一貫して同じことをくり返し経験すると、親近感が生まれる。親近性は一貫性以上に有益な情報を与えてくれるかもしれない。何かに親しみの感情を抱くときは普通、以前出会ったことがあり、危険ではなく、信用できるという適正な合図になる。

だが、親近性は武器にもなりうる。詐欺師は捕まらないかぎり、私たちが知っているものをまね、ニセのブランドをつくり、周知の名称にかこつけて利益を得るからだ。

フック

6

親近性
ファミリアリティ

「これ知ってる」
を疑え

似たような名前の店が乱立する理由

親近感は真実性と正当性の大雑把な指標として利用される。心当たりがあるが、理由がわからないとき、本物に似ているだけでだまされているのかもしれないと疑ったほうがいい。

オスカー・ワイルドの小説『ドリアン・グレイの肖像』の登場人物ヘンリー卿の名言がある。

「話題にされるより悪いことが世界に1つだけある。それは話題にされないことだ」

ワイルドの着眼点は鋭い。評判になれば親近感は増す。私たちは、その親近感がもともとネガティブな情報に根ざしたものだということを忘れると、ポジティブな合図と捉える傾向がある。それゆえ、「どんな評判でもよい評判」という格言がある。

セバスティアン・ヴァイスドルフ、ヴァレリー・マーシュ、エイドリアン・マーを知っているだろうか？　１９８９年に発表された研究により彼らの名前は一夜にして有名になった。それはワイルドの言葉を裏づけるものになった。

認知心理学者のラリー・ジャコビー、コリーン・ケリー、ジュディス・ブラウン、ジェニファー・ジャセチコは大学生に、たとえばセバスティアン・ヴァイスドルフのように、有名ではないが特徴的な名前のリストを読ませた。

その後、ロジャー・バニスター、ミニー・パール、クリストファー・レンなどのような実在する著名人の名前とともに偽名を入れたもっと大掛かりな名簿を提示し、同じ学生にそれぞれの名前が著名人のものかどうか判定させた。

名簿を読んだ直後の判定では、学生はヴァイスドルフが著名人ではないと認識していた。ところが、名簿を読んだあと24時間おいて判定すると、ヴァイスドルフは有名だと考える傾向が多少出てきた。このように、人はその名前を知っているが、もはやその理由が定かではない場合、親近性を有名なサインと解釈しがちなのだ。

一般に、私たちは無名の人よりも有名人の名前を知っている。だから、個人的にその人を知らないのに名前を知っていれば、有名人だと推測してもおかしくない（※１）。

事実、**名前への親近感が増すだけでその名前を選ぶ可能性は高まる。**政治学者シンディ・カムとエリザベス・ゼクマイスターは、被験者がマイク・ウィリアムズとベン・グリフィンという架空の候補者2人のどちらを相対的に選ぶか比較した。より一般的な姓であるウィリアムズを「どちらの候補者に投票しますか？」という設問のすぐ下に記載したところ、ほかに情報がない場合、被験者の3分の2がウィリアムズを選んだ。

この結果は、なじみのある名前と投票用紙の最初にある名前が有利になるという実験結果とも一致する（※2）。

一方で、カムとゼクマイスターは、ウィリアムズの優位性に対抗するために、グリフィンの名を、被験者が認識できないほど短い時間、スクリーンにくり返し映し出した。

この条件のもとでは、ウィリアムズを選ぶ割合は13％減ったので、ウィリアムズは2倍の票差ではなく、かろうじて勝利するにとどまった。グリフィンの名前をくり返し被験者に見せると、彼に投票すると回答した人数は増えたのである。

無名の候補者が、地域の選挙戦で親近性を高めて票を増やせるとしても、実際の選挙では、短時間名前を点滅させるような微妙な方法で投票先が13％も変わることはない。

特に注目を集めるような選挙戦では、そうした微妙な方法の効果は、広告や電話攻勢、公開イベント、マスコミ報道、思いがけないニュース、そのほか実際の投票に影響を及ぼすあらゆるものに太刀打ちできないだろう。

そうは言うものの、この研究は、**私たちが十分な自覚もないまま親近性をもとに意思決**

定をしかねないことを証明している。

それは米国で選挙の前に、ヤードサイン〔選挙の際に自分の支持する候補者の名前を庭などに掲示するための看板〕や横断幕が急増する理由の説明にもなる。

ヤードサインや横断幕は、支持する候補者や所属する政党を主に示し、不人気な候補者を主流に見せるのに一役買っているのかもしれない。それより、親近性を高めることで候補者の支持を後押しすることもできる。

ヤードサインを無作為に設置したフィールド実験では、ヤードサインは確かに少しではあるが影響があり、平均して1・7％ポイント程度、投票シェアが変わった（※3）。

同じ原理を生活のほかの場面に当てはめてみよう。説得力のある確かなメッセージでも情報源があやしいと最初はほとんど影響力がない。人は情報源があやしいという理由でメッセージを軽視するからだ。

しかし、時が経つにつれ、何度も目にするうちにだんだん説得力を感じるようになることもある。さらに強力なのは、信頼できる情報源から発信された、あるいは信頼できるフォーマットで表示された偽装メッセージである（※4）。

マーケティング担当者は折あるごとに、認知度と信頼感を植えつけるために親近性に訴える。ラルフローレンやＩＫＥＡのような企業が、商品に固有名詞をつけたり（たとえば、

「ハンプトン」シャツや「ビリー」本棚のように）、新興企業がよく知っているものを想起させるような名称（たとえば、自動運転トラックメーカーのニコラ・モーター社は、交流電流を広めた発明家ニコラ・テスラの名前を使うことで、象徴的な発明家とＥＶ業界でもっとも有名な企業の両方に結びつくようにしている）をつけたりする理由もそこにあるのかもしれない。

ニューヨーク市にはかつて「フェイマス・オリジナル・レイズ・ピザ」という名のレストランが何十軒もあったが、どの店もほかの店と関係がなかった。

企業はなじみのある配色、書体、そのほかの「トレードドレス〔商品、店舗、サービスなどの全体的な外観の特徴を指す〕」の要素を採用し、既知のものを探す消費者の注目を引こうとする。たとえば、ペンシルベニア州中部では、波型ポテトチップスの地元ブランド各社が、競合相手であるトップ企業のラッフルズのパッケージによく似た袋で販売している（※５）。

親近性と類似性が信頼の証しとなり、私たちの判断に大きな影響を及ぼすことは珍しくない。それゆえ企業は多額を投じて、自社のブランドが社会の認識を高めることに特化した広告を制作する。

１９８０年代に誕生した、日産自動車の海外市場向け自動車ブランド、インフィニティが、１台も自動車が登場しないテレビコマーシャルを流したのは有名な話である。実際の商品を紹介する前に純粋にブランド名を売り込んで親近性を高めるのが狙いだった。

同様に、比較的無名の建築資材会社、84ランバー社が1000万ドル超を費やした、2017年のスーパーボウルのコマーシャルにも自社の商品やサービスはいっさい登場しなかった。その代わり、移民についてのポジティブな物語を発信してブランドに関心を抱かせようとした。その直後、筆者らは通りかかるたびに84ランバー社の場所が気になりだし、立ち寄って確認しようとさえ思ったくらいだ（※6）。

認知心理学者ゲルト・ギーゲレンツァーによれば、**「再認ヒューリスティック」**とは、状況がどうであれ、2つの選択肢のうちいずれを選ぶかを決めるときに直感的に働く原則のことである。

この原則は単純に **〝迷ったら、知っているほうを選べ〟** と導く。筆者のチャブリスは、判断と意思決定に関する授業で、再認ヒューリスティックの力を証明するギーゲレンツァーの研究の1つを題材にしたことがある。

スペインのプロサッカー1部リーグ、ラ・リーガに所属する全チームのリストを学生たちに見せ、その日、どのチームがリーグ首位になるか尋ねた。アメリカ人である学生たちはサッカーにもスペインリーグにも詳しくない。

大方の学生は、大都市に拠点を置くレアル・マドリー、アトレティコ・マドリー、FC

バルセロナが一番だと予想した。悪くない推測だ。実際、スペインのもっとも有名な2都市のチームは、どの日でもリーグ上位に入る可能性が高い。

再認ヒューリスティックは、親近性に対するバイアスを標準的な意思決定の原則に体系化したものであり、さまざまな場面で驚くほど効果を発揮する。

親近性は悪だくみの武器にもなりうる。ダン・デイビーズは、ビジネス詐欺に関する重要な分析を試みた著書『金目当ての嘘（未邦訳／Lying for Money）』のなかで、20世紀半ばに暗躍したニューイングランドのマフィアが長年使っていたペテンの手口として「同名詐欺」を紹介している。不正な会社に合法の企業に似た名前をつけ、信用を得ていたのだ。

ここで、マレーシアの実業家、ジョー・ロウの例を見てみよう。彼は、設立に携わった政府系ファンド、1マレーシア・デベロップメント・ブルハドを通じて数十億ドルを横領したとされている。

手間暇かけた数多くの詐欺犯と同じく、ローもある時点で、本書で取り上げる心理的なハビットとフックをほぼすべて利用した。同名詐欺の手口を使い、有名企業や既存企業の名称に似た名前の企業を設立した。

たとえば、2012年に設立したブラックストーン・リアル・エステート・パートナーズ・アジアは、ニューヨークを拠点とする大手投資会社、ブラックストーン社とは関係のないペーパーカンパニーである。

巨額の国際送金が個人口座宛だったら、どこの銀行でも不審に思っただろう。だが、ローの偽のブラックストーンへの送金にはあまり疑問を抱かなかった。ローは、2014年に仲間を使ってシンガポールにアーバルという名の銀行口座を開設させた。アラブ首長国連邦の政府系ファンド、アーバル・インベストメンツの名前の一部と同じなのは、偶然ではなく、1億ドル超を盗むためだった（※7）。

筆者のチャブリスは大学の友人何人かと、1980年代半ばにテクノロジー事業を始めようとして、親近性を利用する戦略をとった。10代の若者が立ちあげたシリコンバレーのスタートアップ企業が10億ドルの市場価値になるのがごく普通になる以前、19歳の若者グループが経営する会社を信用する人はいなかった。そこで、大手企業だと錯覚させるような名前をつけたのだ。

その名も、コンソリデーテッド・エレクトロニクス社。いずれにせよ「コンソリデーテッドされた（連結された）」会社は、エネルギー企業のコンソリデーテッド・エジソン社のように、既存の会社が何社かあって初めて成立する（残念ながら、コンソリデーテッド・エレクトロニクス社は開業に必要な資金を集められなかったので、どこかで聞いたことのあるような名前が、消費者にどう作用したかは永遠にわからないままだ）。

人は商品や勧誘に信頼を抱かせようとする場合、**「私はこれを知っている」という錯覚に陥らせる作戦を採る**ものだ。作家も親近性をたくみに利用する。たとえば、有名な小説や受賞歴のある映画のタイトルを自分のノンフィクションの著書に借用するなどである。

なぜ多くの人がトランプ元大統領を支持したか

右寄りのテレビ放送局運営会社、シンクレア・ブロードキャスト・グループが、親近性を利用した例を見てみよう。

２０１８年に同社は、運営するすべての放送局に指示し、「偏ったニュース報道やフェイクニュースの危険性を訴える声明」を各地方局のニュースキャスターに読ませた。シンクレアの放送局の元ニュースディレクター、アーロン・ワイズは、ジャーナリストのニコール・ラフォンドに「絶対命令」のプロモーションは彼の局では当たり前だったと語っている。

シンクレアは各局にあらかじめ制作した映像と台本を渡し、キャスターにそれを一言一句たがわず読むことを義務づけた。キャスターたちは自身の言葉で語っているようなふりをしなければならず、本当の出どころを明かすこともできなかった。

さらに、渡された映像は高視聴率の取れる時間帯に流すよう決められていた。誰もが職業倫理に違反するか、職を失うか、いずれを取るかで悩んでいた（※8）。

リベラル系オンラインメディア『ハフポスト』の論評にワイズは次のように書いている。「シンクレアは自社の最大の強みは地方局のキャスターたちに寄せられる信用であると自覚している。（中略）同社の買収前から、彼らは何十年もテレビで顔を売ってきた」

シンクレアの経営陣は、地方局の視聴者になじみのあるキャスターが伝えるメッセージのほうが、知らない遠隔地にいる幹部が発信するメッセージより説得力があるとわかっていたのだ。マスコミ監視組織はこの件について、全国のニュースキャスターが同じ台本を読むモンタージュ動画を作成し、地方ニュースに見せかけてプロパガンダを行った言語道断の例として、ペナルティーを科した（※9）。

有料発行部数首位の米国の新聞『USAトゥデイ』紙が、2021年6月4日の週末版4ページを、近日公開のネットフリックスのファンタジーシリーズ『スイート・トゥース：鹿の角を持つ少年』の宣伝に割いた。

そのデザインは、ふだん、新聞に挟《はさ》み込まれている車の販売代理店やデパートのチラシとはまるで違った。

ネットフリックスの広告は、通常の1面とそっくりなつくりで、真実味のある見出しがつけられ、一番上に小さな字でひと言「広告」と書かれているだけで、本当の記事でないことにはいっさい触れられていない。スーパーマーケットで最初にそれを目にしたとき、筆者も一瞬、だまされた。

いわゆる記事体広告は新しい手法ではない。1970年代には早くもエネルギー企業のモービル社が『ニューヨーク・タイムズ』紙の社説欄の向かいの特集ページに有料でエッセイを掲載し、エネルギー政策などの諸問題に対する同社の見解を発信した。枠で囲まれたそのコラムは通常とは異なる書体が使われ、モービル社のロゴが飾られていたが、隣にはウィリアム・サファイアやラッセル・ベイカーのような評判のいい常連のコラムニストの論説が並ぶなど、まわりの記事の重みはいつもと変わらなかった（※10）。

親近性が徐々に信頼へと変わっていく現象は興味深い。テレビニュース番組の人気メインキャスターには、年間何百万ドルものギャラが支払われる。彼ら自身が「ブランド」であり、その日の見出しを飾るに相当する一般的なニュースを、とにかくお気に入りのキャスターから聞きたいと思う視聴者を引きつけ離さないからだ。

シンクレア社の事件が示すように、こうしたニュースキャスターの声を乗っ取り、他人が書いた言葉を読ませたら、人はそれを信じてしまうだろう。

一方で、もっとさりげない形で親しみを信頼に変えるやり方もある。バーニー・マドフは、彼のヘッジファンドが１９９０年代初めに完全な詐欺に変わる前に、ＮＡＳＤＡＱ株式市場の会長をはじめとする合法的な活動で尊敬を集めていた。あれほど多くの人が彼に金を預けたのも無理はない。

同様に、ドナルド・トランプは、２０００年代に制作されたリアリティ番組『アプレンティス』で、決断力があって不まじめなことを許さない、桁外れに裕福なビジネスリーダーを脚色した「ドナルド・トランプ」を演じて有名になり、全国的な名声を得た。

その役柄としてのトランプ――タブロイド紙をしょっちゅうにぎわせる、１９９０年代に倒産したカジノの経営者より魅力的――になじみのある人は、彼が実際に大統領候補になるという考えを受け入れやすかったのだろう（※11）。

「くり返す」と真実になる

作家のオルダス・ハクスリーは、小説『すばらしい新世界』のなかで次のように書いている。「6万2400回反復すると1つの真実ができあがる」

ある名前を一度読んだことがあれば、後でそれを読んだときに有名な名前だと考えがちなのと同様に、**ある記事を一度聞くか読むかしたことがあれば、それが実際に正しいかどうかはともかく、再び遭遇したときにそれが真実だと思う可能性は高くなる。**名前の出どころを忘れるまでに時間のかかる「有名性」効果とは違い、この**「真実性の錯覚」**効果はすぐに現れる。

エマ・ヘンダーソンが筆者のシモンズと同僚のデール・バーと行った研究がある。英国出身の成人被験者567名に、はっきりしない事実に関する64点の記事（半分は真実で、半分は嘘）を読ませてから、似たような記事のリストをタイミングを変えて（直後、1日後、1週間後、1カ月後）読ませる。

それぞれのリストには最初のリストと同じ16点の記事と被験者が初めて目にする記事が16点含まれている。被験者は記事の信憑性を、絶対に違う（1）から絶対に正しい（7）までの7段階で評価する。

直後に評価をした場合、新しい記事は平均約4・12点だった。たいていの人が正しいかどうか知らないような記事を選んでいるから、中程度の評価がついても意外ではない。

直後にくり返し読んだ記事は、新しい記事より0・68ポイント高かった（4・80点）。つまり、同じ記事を一度以前に読んでいるだけで被験者は後でそれを信じるようになった。

この効果は1カ月続いたものの、1カ月後には、新しい記事よりくり返し掲載された記事のほうが0・14点高いだけだった。くり返しになるが、ただ記事をかつて読んだことがあるというだけで、真実だと思う可能性が高まるのだ（※12）。

1972年制作のマイケル・リッチー監督の映画『候補者ビル・マッケイ』で、ロバート・レッドフォードが演じる若き活動家は、疎遠になっている元カリフォルニア州知事の父を超え、本物のリーダーになろうと切望している。だが、上院議員選挙に立候補するよう選挙参謀の説得を受け、いざ選挙運動をしてみると、広報担当のアドバイスを聞いてお決まりの演説を何度もくり返してやっと有権者の支持を集められることに気づく。

「真実性の錯覚」に影響を及ぼす「くり返しの効果」が初めて科学的に証明されたのは、

そのわずか5年後だった。

真実性の錯覚に関する研究はこの10年間で急速に進んだ。研究の大半が些末な見解に焦点を当て、学生のグループを使ってかなり短期間の実験をしただけだったが、一部の研究は、ニュースの見出しや宣伝文句、健康と医療の記事にさえもくり返しの効果があることを証明した。

ハクスリーが認識していたように、頻繁に耳にすることで、人はそれを信じ始めるのだ(※13)。

「星評価」の正しい使い方

見覚えのある記事に真実を、聞き覚えのある名前に信頼性を結びつけるのと同じく、私たちは誠実な行為をする人の表面的な特徴を見て、その行為が誠実であると混同しがちである。

たとえば、製薬会社は自社のホームページに科学専門誌のリンクを貼って説得力を高める傾向がある。だが一方で、こうしたホームページのつくりをまねて、信頼できない商品を宣伝することも可能だ。

「アメリカズ・フロントライン・ドクターズ」「フロントライン新型コロナウイルスクリティカル・ケア・アライアンス」「ワールド・カウンシル・フォー・ヘルス」のような団体はすべて信頼のある医療グループの名前を模している（最後の団体は「ワールド・ヘルス・オーガニゼーション」〈世界保健機関〉にそっくり）が、パンデミック時には、新型コロナウイルスへの有効性が立証されていない抗寄生虫薬イベルメクチンなど、疑わしい治療薬や予防対策を喧伝した。

これらの公的機関を装った「医療」団体は、中身はないのに定評のある機関に似た大げさなホームページを用意している。

例を挙げると、「ivmeta.com」のページは、イベルメクチン研究のいかにも重要そうな「リアルタイムなメタ分析」（イベルメクチン支持派のウェブサイト以外では信頼性のない用語）を掲げた魅力的なデザインになっている。

主張の正当性を裏づける証拠の質と量を評価するには時間もかかるし、専門知識もいる。「ゴミを入れれば、ゴミしか出てこない（高性能なコンピューターでもデータ入力が不完全ならば、不完全な答えしか得られない」」というコンピューターの黎明期から存在する概念が、この場合にも当てはまりそうだ（※14）。

あいにく消費者には、団体や製品、情報源の信頼性を評価する材料が不足していることが多いため、過去に使ったことのあるものに似ているかどうかを往々にして判断材料にする。権威を装うものを信用すると、危険を招きかねない。

セラノス社が、退役した軍首脳や元閣僚や政治家を社外取締役として揃えていた理由もそこにあるのかもしれない。有名人の存在は、富裕層の個人やファミリーファンド（一族の資産を一括管理するしくみ）の管理者といったセラノスが求めたタイプの投資家を安心させたが、プロの投資家や同社が事業を展開するバイオテクノロジーやヘルスケアの分野専門の投資家を結果的に遠ざけた。

以前参加した投資セミナーで、筆者はヘッジファンドマネージャーから「取締役会に軍関係者の数が増えてきたら、株を空売りすることを考えたほうがいい」と聞いたことがある。有名人や軍との関係を是非ともアピールする必要がある会社は何か隠しているに違いない――ひょっとしたら詐欺かもしれない、というわけだ。その勘は当たっているようだ。

2000年から2017年にかけて株式公開会社の役員会構成と業績を調査した結果、軍関係者が役員に名を連ねている会社は業績が悪化し、それが退役大将や提督だと下級将校よりさらに業績が悪いことがわかった。セラノス社が企んでいたことを考えると、業界通のキツネを彼らの鶏小屋から遠ざけるのは、戦略的な狙いで、人為的なミスでなかったことはいうまでもない（※15）。

出版社もまた親近性をフックにして読者に関心を抱かせようとする。たいていの本には類書の作家の推薦文が載せられているし、年間何十冊もの本に推薦文を書く有名作家もいる。自身の本の執筆もしながら、それだけの本を全部読む時間をどうやって見つけるのだろうか？

筆者が思うに、推薦文の信頼性は、その作家が書いた推薦文の数に反比例する。極端にいえば、超人的な推薦広告の書き手は、読んだ本をすべて推薦している（良書か悪書かの違いがわからない）か、読まずに推薦している（推薦は情報にもとづいていない）かのいずれかに違いない。

だから、読者は、大量の本に推薦文を寄せている人の推薦は割り引いて考えたほうがいい。**筆者は推薦広告を全部無視してもかまわないと思っている。**

すべての本の推薦の言葉が本物で、その書き手がそれをすべて心底信じていたとしても、何人がその本を推薦するように頼まれて断ったかはわからない。集中の原則で説明したように、うっとりするような新刊書籍の推薦、仕事のリファレンスや推薦状は、中立的な見解もネガティブな見解も、そこに書かれていない反応もいっさい伝えてはいないのだ（※16）。

マーケティング・キャンペーンがほぼ、ユーザーの声――本の推薦広告にあたる――のみを使って展開されている場合、ユーザーの意見をその商品がいいという実際の証しだと取り違えやすい。

商品を支持する人を個人的に知っているか、その人の意見が正しいと判断できるほかの方法がある（たとえば、こちらが知っているほかの商品への評価が自分の見解と一致するかどうかをチェックする）のでなければ、彼らの意見は役立つというより惑わすものになりかねない。ユーザーの声は、簡潔で中身のない5つ星評価のようなものだ。5つ星や1つ星より4つ星や2つ星評価を読むほうが商品の参考になることが多い。

さらに、**ネガティブな評価がほとんどなく、ポジティブな評価が山のようにある場合、ポジティブな評価をあまりまともに受け取らないほうがいい**だろう（※17）。

著名で信頼のおける第三者機関による評価であっても特に意味がない場合がある。個人投資家は普通、ミューチュアルファンドを選ぶのにモーニングスター社の格付を当てにする。モーニングスターは、同社の格付が過去の実績にもとづくものであると認めているが、一方でファンドマネージャーは、その格付を宣伝に使い、新しい投資家を引き寄せようとする。

『ウォール・ストリート・ジャーナル』誌に掲載された記事によれば、数十年かけて何千というミューチュアルファンドの運用実績を分析した結果、モーニングスターで5つ星に格付されたファンドのうち、5年後も同じ格付を維持できるほど良好な実績を出すファンドはごくわずかだった。

実際、その同数くらいの5つ星ファンドが最下位の1つ星ファンドになっていた。過去の実績は将来のリターンを断じて保証するものではないが、この場合、ほとんど予想さえしていないことになる（※18）。

高評価のファンドが時間をかけて現実的な実績になる傾向は、「平均値への回帰」という現象の典型的な例である。決められた期間で最高の成績を収めた株、販売員、バンド、チーム、運動選手やそのほか何でも、次の期間には概して成績が下がる。

高い地位は本来備わっている永続的な特質（運用、才能、技術）の結果ではなく、仮に将来あったとしても、彼らにそれほど恩恵をもたらすとはかぎらない比較的ランダムな要因の結果だからだ。

人気や名声や社会の認知度は、しかるべきタイミングにしかるべき場所にいたのが主な要因である。だから、親しみを覚えるものは、おそらく見かけほど本質的によいもの、貴重なもの、見習う価値のあるものではない。言うまでもなく、裏を返せば、ランダムな要因がただ災いして、多くの価値あるものが今は人気がないということもある。じっくり吟味すれば、宝石の原石が現れるかもしれないのだ。

格付が当てにならないように、特定の目的では非常に信頼できるソースが、ほかの目的では誤解を招く原因にもなる。アメリカ食品医薬品局（ＦＤＡ）は、薬物療法に認可を与えるよく知られた信頼できるソースだ。あまりに有名なため、「ＦＤＡ承認」の本当の意味に重大なニュアンスや区別があることを認識している人は少ない。ワクチンなどの薬物療法は、何段階もの厳格な臨床試験を受け、有害な副作用がないかどうか、プラシーボ治療と比べて医学的なメリットがあるかどうか評価される。

ところが、治療用途で使うソフトウェアや機器となると、ＦＤＡ承認が意味するのは、その製品が、あまり害がなく役立つかもしれないという程度にとどまりそうだ。それゆえ製品は、本当に実用的なメリットがあるという強力な証拠がほとんどなくても、ＦＤＡ承認というお墨つきを得られるのだ。

脳トレのコンピューターゲームにしても、治療という名目でＦＤＡ承認を受けられ、ゲーム会社は当然、「ＦＤＡに承認された」と宣伝するだろう。消費者や投資家は、そのゲームが、薬品やワクチンに求められるレベルの厳しい検査に合格し、同じようにその有効性が認められていると誤って信じてしまうかもしれない(※19)。

シンプルで効果抜群——驚くべき「フィッシングの手口」

誰もがインターネットに常時接続している情報過多のこの時代、詐欺師にとっては私たちの親近性依存をたくみに利用する絶好のチャンスだ。

2016年3月19日、ヒラリー・クリントン陣営の大統領選挙対策責任者、ジョン・ポデスタは、不気味なメールを受け取った。

赤い旗のついた「パスワードが漏洩《ろうえい》しています」という件名の「こんにちは、ジョン」で始まる短いメッセージで、ウクライナの何者かが彼のグーグルパスワードを盗んだと警告し、「パスワードの変更」と書かれた青いボックスをクリックするよう勧めていた。

AP通信によれば、ポデスタのスタッフリーダーが選挙運動のテクニカルサポートにそのメッセージを転送したところ、テクニカルサポートは、そのメールは本物だと回答したうえで、パスワードをリセットする然るべきリンクを送り、2段階認証（ログインするたびに、パスワードのほかに、ワンタイムコードを入力する必要がある）を有効にするようアドバイスした。

この「こんにちは、ジョン」メールには本物のメールに見せる要素が含まれていたが、グーグルからではなく、「myaccount.google.com-securitysettingpage.tk」から送られていた。アドレス末尾の「.tk」は、ニュージーランド領トラケウ諸島から発信されたことを意味する。これは新しいパスワードを設定するよう仕向けて現在のパスワードを入力させ、ポデスタのパスワードを盗むようしくんだフィッシングの手口なのだ（※20）。

本物の「.com」で始まる偽のメールアドレスは詐欺の常套手段である。リンクの末尾が正しくないからドメインが違うとたいていの人は気づかないからだ。

また、アドレスに含まれるすべての文字や句読点を読んでおかしなところがないか慎重に調べなければ、偽アドレスに気づかないかもしれない。テクニカルサポートからの「本物である」という回答がリンクへのクリックを誘導しかねなかったにせよ、ポデスタが実際にクリックし、ハッカーにパスワードを教えてしまったかどうかは定かではない。

このフィッシング詐欺がポデスタを引っかけられたかどうかは別として、彼のメールは、2016年の大統領選挙のちょうど数週間前にアクセスされウィキリークスに投稿された。

この情報漏洩は、大方の調査によればロシアのサイバー攻撃に起因するものとされるが、世間の関心を、ドナルド・トランプ候補の諸問題からクリントン候補の私的メール問題（個人のメールアドレスで自宅のメールサーバーから公式メールを発信していた）の論争に向けさせ、重要な州での選挙結果に影響を及ぼした可能性がある。

「Phishing（フィッシング）」という言葉は、相手を誘導してパスワードや口座番号などの個人情報を提供させる目的でメッセージを送ることを指す。

釣り糸と釣り針でする昔ながらの釣り（Fishing：フィッシング）と同じく、多くの獲物が引っかかるので、ネットユーザーという海に釣り糸を垂らして待つだけの価値はあるという発想だ。

この種のソーシャルハッキングは、1990年代半ば、メールの利用が広まった当初に端を発する。当時のハッカーは、フィッシングやそのほかの技術を駆使して、アメリカ・オンライン（現在のＡｏｌ）のアカウント情報を盗もうとした。ポデスタにしかけられたのは、「スピアフィッシング」という特定の人物を標的としたフィッシング攻撃のようだ（※21）。

フィッシングは、もっとも一般的なソーシャルエンジニアリング詐欺の手口だろう。その理由の1つは、私たちが日常的に受信する、パスワード・リセット・リクエスト、配信通知、サブスクリプションの確認、業務連絡などの実用的な自動メッセージのスタイルや形式の類いは比較的容易にまねできるからだ。

2022年、米大手出版社サイモン&シュスターの元社員が逮捕された。彼は出版社や著作権エージェントを装い、無防備な作家や編集者をだまして未発表の原稿を送らせていた。彼からの依頼メールが張られているリンクもエージェントや出版社からと思わせるような見た目（著名出版ブランドpenguinrandomhouseの「m」を「rn」に置き換えた@penguinrandornhouseというドメインを使った）だったので、マーガレット・アトウッドやイーサン・ホークといった一流作家や有名人もだまされた。

フィッシング攻撃は、親近感と殺到するメールを前に大あわてで返事をする人間の習性につけ込む。私たちは本来のメールとはどこか違うものを見破れるほど完璧とは言いがたい。いったん手を止め、すべてのメールの間違い探しなどできないからだ（※22）。

フィッシングメールは、ビジネスメール詐欺として知られる損害額の大きい手のこんだ詐欺の最初の一手である。詐欺師は従業員のパスワードを盗んで内部情報を収集し、会社の実情を調べる。十分調べがついたところで、請求書を捏造して実際に金を盗むのだ。

フィッシング詐欺の手口は単純だが、驚くほど効果がある。米国の大手医療機関数社の従業員に290万通のテストメールを送ったところ、約7通に1通の割合で不正なリンクがクリックされた。

オランダの経済省（現在の名称は経済・気候政策省）の職員1万人を対象に行われた大規模なフィールドスタディによれば、約3分の1が、電話番号とパスワードをつなげてパスワードのリカバリーを簡単にするという不審なメールのリンクをクリックし、22％がリンクの先にあるあやしげなウェブサイトにパスワードを入力した（ほぼ全員が自分の氏名と電話番号も入力した）。

この場合のフィッシングテストで使ったのは、送信者のアドレスのスペルミス、変更されたロゴ、おかしな方法での受信者への挨拶と呼びかけ、リンクされたウェブサイトの見慣れないアドレスの拡張子、2つの違うフォントである。

現在では不審なウェブサイトにパスワードを入力するのは危険だとたいていの人が知っているが、忙しいときに本物そっくりに見えるフィッシングメールを受け取れば、誰でもだまされるだろう（※23）。

ソーシャルハッキングがうまくいくのは、親近感を使って油断させるからだ。引っかからないようにするには、警告のサインに気づくことがカギとなる。

見慣れたメッセージは見かけとは違うかもしれないと、ただ自問するだけで大きな一歩

になる。

リンクつきの思いがけないメールを受信しても、リンクをクリックしてはいけない。買った覚えのないものの領収書を受け取ったら、直接その店のウェブサイトで自分の購入履歴を確認しよう。

納税申告に問題があると警告を受けたり、カード会社から不審な請求に関するメールが届いたりしても、メールへの返信、リンクのクリック、メッセージにある番号に電話をかけるなどしてはいけない。

代わりに政府関係機関のウェブサイトを見る、あるいはカードの裏に書いてある正しい番号に電話する（さらにウェブサイトにアクセスするときは、アドレスの入力に注意しよう。詐欺師は、よくあるタイプミスをする、うかつな人を狙った偽のウェブサイトを立ち上げていることもあるからだ）。

「新しい見方」ができる簡単な方法

宣伝パーソンが親近性や知名度を高めようと奮闘するのと同じく、詐欺師は私たちが親近感を当てにしたばかりに損害を被るような状況をたくみにつくりだす。どこかで見たような気がしたら、**「なぜ心当たりがあるのか？」**自問したほうがいい。

知っている気がするのにどうして知っているのか思い出せない場合や、明白な理由もなく楽しいとかいいと思える場合、理屈ではなく親近感で評価しているのかもしれない。自分が思っているものとただ表面的に似ているだけとも考えられる。

多くの場合、「知っている」という感覚は、精度の高いサインになり、役に立つ。

ジョージ・ワシントンが米国の初代大統領であること、朝鮮戦争が1950年に始まったこと、自動車のブレーキがアクセルの左にあること、中国で新型コロナウイルスの感染が広まったことをいつ知ったのか特定できる人はあまりいない。

どうして知っているのか思い出せないとしても、私たちはただ知っているだけの情報に頼らざるを得ない。だが、**「ただ知っているだけ」のことを頼りに重大な決断をするとき、本当はそうでないものを知っていると思い込んでいないか「できるかぎり」見定めるべきだ。**

本能の特性を取り上げて、心理学者のウィリアム・ジェームズは次のように書いている。「要するに、当たり前のものを見知らぬものに見せるプロセスを遂行するには〔哲学者ジョージ・〕バークリーが言うところの、学ぶことで堕落した心が必要である」

「当たり前のものを見知らぬものに見せる」とは、新しい情報をより客観的に評価し、それが実際にはどういうことなのかを知るために、知っているということをいったん忘れ、見知らぬもののように感じることだ。

筆者が経験した例を挙げよう。編集者の1人が、私たちが見抜けなかったミスを発見する方法を教えてくれた。原稿を後ろから読む。1語ずつではなく、1文ずつ、あるいは少なくとも1段落ずつである。おもしろいことに、それをやってみると、次に何が来るのか予想できなくなり、以前は見逃していたタイプミスやそのほかの間違いを発見できる（※24）。

よく知っているものを違ったものに見せるのは、多くの分野で使われる一般的なテクニックだ。

画家は、絵を上下逆にし、典型的な空間構成を崩すことで、自身の知識から受ける影響を効果的に抑えられ、模写しやすくなる。

作家は、仕事のやり方や場所を変えることで閉塞状態やマンネリから抜け出そうとする。チェスの名人は、ゲームの新しい展望をつかむために序盤を全体的に変える。見慣れないボード上の配置にもかかわらず、プレーが上達することが多い。

いずれの場合も、目標は「すでに正しい答えを知っている」という感覚に頼らず、事実をまっさらな目で見ることである（※25）。

見慣れたものを異化するプロセスは、物事を劇的に違って見せる。経営学教授マイケル・ロベルトは、次のスタートアップのプレゼンをどう評価するか学生たちに尋ねた。

「新しいタイプの食料品店を開きたいと考えています。ブランド商品はいっさい置かず、すべて自社ブランド商品にするつもりです。テレビ広告やソーシャルメディアは使いません。セールもしませんし、クーポンの利用もできません。ポイントカードも発行しません。新聞の日曜版にチラシを入れたりしません。セルフレジはありません。広い通路や大きな駐車場もありません。私の会社に投資していただけますか？」

まだお気づきではないかもしれないが、この一見つまらないアイデアは、アメリカの小売食品業界で屈指の人気を誇るトレーダー・ジョーズのビジネスモデルだ。それにもかかわらず、人がこのビジネスプランに感銘を受けない事実からわかることがある。

プレゼンを評価するとき、人は成功している食料品店のステレオタイプな発想にこだわりすぎるのかもしれない。あるいはひょっとすると、トレーダー・ジョーズの成功には、その全般的なビジネスアイデア以上の何かがあるのかもしれない。

ビジネスモデルの重要な面をまねしても、同じように成功できるとはかぎらないだろう。いずれにせよ、対象の名前や身元を隠して異化することで、新しい観点でそれを見られる。

トランプとバイデンを「候補者A」と「候補者B」とし、ロシアとアメリカを「X国」と「Y国」としたら、どちらが正しくてどちらが間違っているか、どちらの政策が賢明でどちらの政策が誤った方向へ導くか、どちらが明らかに腐敗していて、どちらが高潔であるかなど、もっときちんと評価できるだろう（※26）。

誰が何を言ったか、あるいは何をしたかを目隠しすれば、私たちは、携わった本人を一時的に異化できる。この手法を使えば、イデオロギーというバイアスをはずし、親近感や忠誠心に左右されることなく、ありのままを評価できる。これを試してみると、往々にして、実際の選択は、自分が思い込んでいたほど好みの候補者や政党と一致しないことがわかる（※27）。

自動分析は親近性バイアスを取り除く形式化された方法だ。スポーツ界には、データ分析を用いて、勝利に本当に必要な要素を数値化し、その基準にもとづいて選手やチームを評価する試みがある。マイケル・ルイスはその著書『マネー・ボール〔完全版〕』（ハヤカワ・ノンフィクション文庫）で、野球選手の将来性をスカウトが判断する際、親近性（さらには体格や血統に対する長年の偏見）による影響を排除するには、データ分析が役立ったと立証している。

ゲームの結果を予測するうえでもっとも重要なことを正式に具現化することで、チームは、従来慣れ親しんできた方法に頼るのではなく、本当に効果的な方法を取り入れる方向に戦略を変えられた。多くのスポーツが、長期的な最善のアプローチを決めるのにデータ分析を採用している。

バスケットボールではスリーポイントシュートの数に、野球では野手の配置に、アメリカンフットボールではフォースダウンでパントする代わりにファーストダウンを狙う頻度に大きな変化をもたらすことにつながった（※28）。

本章では、情報やそのソースとの表面的な類似性が、信頼すべきでないときに信頼するように仕向けるしくみを説明した。一方で、初めて目にするものでさえ、特に正確に見えると、必要以上に説得力を感じることがある。話や主張が、具体的ではっきりしていて詳細であればあるほど、人はそれを信用しやすい。

次章では、なぜ正確性が評価されるのか、どうやって正確性が私たちを間違った方向に導くのか、うっかりそそのかされて失敗しないようにするにはどう自問すればいいのかを掘り下げていこう。

フック

7

正確性《プレシジョン》

“数字”の落とし穴

「データ」と「数字」を正しく読めていますか

人は、正確性が厳密さや現実主義の証しだとし、あいまいさはデタラメの証だとみなす。具体的で詳細な情報を与えられると、それが正確でよく調査されたものに違いないと思い込みがちだ。この種のカムフラージュをかいくぐって物事を見るために、私たちは視野を広げ、対象を正しく比較しなければならない。

ＳＦ小説『宇宙の果てのレストラン』（河出書房新社）で、著者のダグラス・アダムスは、「事象渦絶対透視機（トータル・パースペクティブ・ボルテックス）」なるものについてこう説明している。「小さな部屋に放り込まれると、森羅万象の全体を見せられる。そして顕微鏡的な1点があり、そこに『これがあなた』と書かれたシールが張られている」

この広大な宇宙で、自分自身が無意味な存在だという事実を完膚なきまでに突きつけられると、概して命取りになるということがわかる。だが幸運なことに、人はそのようなリスクを取ってまで物事を大局的に見る必要はない。

量や数は、個別に見ればとてつもなく大きく見えたり小さく見えたりするかもしれないが、適切な尺度で見ればよりはっきりとその量や数をとらえられる。

人はガソリンスタンドの給油ポンプで1ガロン当たり数セントの追加料金を払うのはためらうかもしれないが、車1台の初期費用で数百ドルが変動しても交渉が難航することはない。

1年間のコーヒー豆代の合計金額が数ドル節約できるクーポンは熱心に切り抜いて保管しているのに、それ以上の金額になってしまうカフェラテは何のためらいもなく毎日買っている。「純度99・44%」と謳うアイボリー社の石鹸を買うが、石鹸の純度は一般的に何%なのかは知らない。

私たちは普段、単体の金額や寸法、パーセンテージを見たとき、自動的にそれらを正しい尺度で評価することもなければ、そのほかの関連する値と比較することもない。

私たちをだまそうとする人たちは、この傾向を利用する。そのため、だまされないためには、正しい比較について考えることが大事な一歩となる。

もし専門家が、ゲームやスマホを見る時間が増加することと、幸福度が大幅に低下することが関連していると言えば、私たちはなんとしても画面を見る時間を減らそうとするだろう。しかし、スマホを見る時間と、自己報告によって示される幸福度の関連性は、スマホを見る時間とポテトの消費量の関連性とおおよそ同じだということがわかれば――つまり、両者の関連性は取るに足りないものとわかれば――頭を悩ますことはないだろう。その代わりに、健康上の利点があるだけでなく、幸福そのものともっと強い関連がある睡眠時間を増やそうとするだろう（※1）。

私たちは、極めて明確な主張、特に自分の期待や深い信念と矛盾しない主張を聞くと、本来ならそのような状況で積極的に働かせるべき批判的思考を抑えてしまいがちだ。

詐欺師は、正確性を利用する。人は正確性を真実の証しだと受け止めがちだからだ。

非常にはっきりとした主張や価格、値などを見たとき、次のように考えるとよい。数字がびっくりするほど大きいものであれば、**「これは本当に大きな数字だろうか？」**と問う。数字がびっくりするほど小さいものであれば、**「これは本当に小さな数字だろうか？」**と問う。

主張の特性によっては、次のような質問を重ねることもできる。

「ほかのものと比べてもまだ、それは大きいだろうか、あるいは小さいだろうか？」「そのような正確な主張をするための十分な根拠はあるだろうか？」「その数字が概数だから、強い印象を受けただけだろうか（つまりそれは正確ではないということだろうか）？」

「これは本当に大きな数字だろうか？」と問うことで、ガソリン1ガロン当たりの費用と、車の運転に関連するほかの費用、たとえば車の購入費、購入のための融資、保険費用などとを比較できるようになる。

「356,933.140ドル」に気をつけろ

2021年5月25日、ランド・ポールは米国上院議会で、アメリカ国立科学財団（NSF）の年度予算から10％の削減が可能かどうかを議論していた。

彼はこの分野の支出は無駄だと考えており、その具体例として、「コカインがウズラの性行動に与える影響に関する研究」に投じられた助成金1件の総額が、87万4503ドルだったことを挙げた。

ポールはウズラがくちばしをコカインの山にうずめている滑稽《こっけい》な写真とともにそのプロ

ジェクトを説明した。その写真が具体的で、1ドル単位でその使途が説明されたことも加わり、その助成金は、特にコカインでハイになったウズラのセックスに関する研究としては、実に大きな支出だったという印象が強められた。

しかし、この助成金1件の金額は、ポールが推し進めた予算削減のうちのほんのわずかにすぎなかった。NSFの年間予算83億ドルのうちの10％の削減、つまり8億3000万ドルを削減するには、科学関連の助成金をたった1件減らすことではなく、数千件を毎年取りやめることに相当するからだ（※2）。

ポールは少なくとも2018年から、ウズラの助成金について話していたので、同僚議員らはそれを聞くのにうんざりしたに違いない。彼はいつも同じ写真で金額だけ変えた資料を使っていたからだ。彼はわずか4日後に同じ説明を、金額を356,933.140ドルに変えてくり返した。この奇妙な数字に表れる、小数点とコンマの紛らわしさのせいで、費用が3億5600万ドル以上であるかのように誤認する人もいただろう。

ある大きな金額について、1ドル単位で正確に報告されているとき、さらには小数点とともに報告されているときは、入念に疑ってかかるべきだ。

数十万ドルもするものであれば、末尾が3ドルであろうと1ドルであろうと大差はない。それなのに、ポールが数ペニーでその正確性を示したことは、結局、彼が特定の研究プロジェクトにはあまり関心がないことを皮肉にも証明している。

このような数字を見たとき、私たちは概数で表示すると印象が弱くなるかどうか、確認するべきだ。しかしそれは1つの防衛線にすぎない。そうした数字は、適切な視点に立ってとらえる必要がある。

ポールは数千もの助成金からいくつかをえり好みし、文脈を無視してその研究にかかる費用の合計金額を強調し、全体予算からたった数%を削減するように見せかけてより大きな規模の予算削減を提言していた。

こうした手法は、「相手の話し方しだいで、同じ事実についての印象が変わる」という私たちの傾向を突いたものだ。

個別に考えると、10%は少額に聞こえ、87万4503ドルは高額に聞こえる。ポールは助成金と財団の全体予算の規模の違いについては言及しておらず、彼の予算削減によってほかに排除されるものについても説明していなかった。

87万4503ドルはウズラの性とドラッグに関する研究の費用としては多すぎると言う人もいるかもしれない。アメリカの年間世帯収入の中央値の10倍以上の額だからだ。誰しもその金額があれば、個人的にもっと価値がありそうなほかのことに使えるのではないかと考えてしまうだろう。しかし、助成金を受けた科学研究が到達するとされる、より広範な最終目標について、どれだけ価値を見出せるかについても考える必要がある。

当然ながら、助成金を受けるプロジェクトの中には、多くの人の理解が及ばない、または支持しないプロジェクトもある。10％の予算を削減するからといって、自分がたまたま好まなかったプロジェクトの助成金だけを排除するということはけっしてない。

もし「政府は科学振興を支援すべきだ」と考え、それを実現するために必要な経費の規模を認識していれば、科学分野に投じられる資金を世帯収入と比較すべきでないことはわかるはずだ。

それよりも、科学への資金提供と同程度の大規模な事業、たとえば農業補助金や退役軍人手当、医療費と比較する必要がある（政府が実施する事業はいずれも個人や世帯の家計と比較すれば巨額である）。

同様に、政府は芸術への支援をすべきではないと考える人は、同様の考え方に沿って主張をすべきであり、国立芸術基金の予算の2億ドルという金額について指摘すべきではない。交通インフラにかかる1500億ドルや防衛費としての7800億ドルといった、政府が行うほかの多くの活動費と比較すると、国立芸術基金の2億ドルは、丸め誤差にしか見えない。

聴衆の注意をウズラの助成金という非常にはっきりとした金額に集中させ、ドラッグ濫用に関する研究の総費用については言及せずにいることで（ましてや科学研究予算の総額やアメリカ連邦政府の総支出額を減給することもせず）、ポールは「分母の無視」として知られる認知パターンにもつけ込んでいた。

それがよくわかるのは、意思決定論の研究者、山岸侯彦《やまぎしきみひこ》による、次のような実験である。学生に対し、殺人、肺炎、がんなど、11の死因について自分自身が抱えるリスクを評価してもらう。評価前に、それぞれの死因による推計死者数について、100人当たりの数と1万人当たりの数をそれぞれ見せる。たとえば、ある死亡率は100人中12・86人（あるいは、同値の、1万人中1286人）というデータを見せた。

被験者は、分母が100のときよりも1万の数値を見たときのほうが、11すべての死因のリスクが高いとした。死亡率がまったく同一であっても、だ。実際、分母が100のときのほうが死亡率が高くなる場合であっても（たとえば100人中24・12人と、1万人中1286人という場合）、分母が1万の死亡率のほうがよりリスクが高いと評価した。

被験者は、**分母の違いを正しく調整せず、分子の大きさに影響を受けていた**（1286は24・12よりはるかに大きいと考えた）のだ（※3）。

皮肉ではあるが、もしポールが本当に政府に対しウズラと性の研究予算を削らせたいと考えていたなら、アメリカ国立衛生研究所（NIH）の予算削減を提案すべきだった。実際にその研究に資金援助していたのはアメリカ国立科学財団ではなく、かの有名なＮＩＨだったのだ。さらに、彼は過去に戻ってやり直すべきだった。なぜならウズラの性行動の助成金は、実は彼が非難する数年前の２０１６年に終了していたのだから（※４）。

「具体性」と「正確性」

ランド・ポールのような政治家は、特定の写真や絵、さらには正確な数字が示されている物語には説得力がある、ということを直感的に知っている。人が具体的な情報を簡単に思い出せるのは、それを言葉とイメージの両方で記憶しているからだ。

対して、抽象的なアイデアは特定の普遍的な写真や絵を呼び起こすことはない。「ウズラ」や「セックス」「コカイン」といった「具体的な言葉」は、視覚情報をつかさどる脳の後部領域を活性化させる。

対して、「科学」や「研究」「依存症」といった抽象的な言葉は、特定の感覚とは無関係に情報を処理する前頭葉を活性化させる。具体的な言葉はまた、感情的な強い反応を引き起こしやすく、その反応に対する記憶を強化する（※5）。

MBTI（マイヤーズ＝ブリッグス・タイプ指標）や、トーマス・エリクソンの4つへの類型化といった性格の類型学は、人々を魅了し続けている。

私たちは、類型は正確な境界を持った箱型の容れ物を意味し、そこでは誰もが具体的な特徴を共有していると考える。「誰でも、この4種類または16種類の類型のどれかにぴったりと当てはまる」と考えるのだ。

しかし残念ながら、人はそれほど単純ではない。これまでの性格診断の研究によれば、診断テストを最初に受けて割り当てられた性格と、数週間後に受けて割り当てられた性格は異なることがわかっている。

それは被験者の性格が劇的に変化したからではない。2回目の診断テストでは、ある性格ともう1つの性格を分ける、恣意的に引かれた境界線を飛び越えるぐらいの十分な圧力（おそらくその場の雰囲気の変化や人間の行動にもともと備わっているノイズによるものだろう）がかかるために、結果が異なるのだ。

実際のところ、性格ははっきりと分類できるものというよりも、多くの性質が集まったものに近い。その性質それぞれが広範囲にわたって変化するために、唯一無二の組み合わせが無数に存在することになる（※６）。

一方で、たとえば「87万３５０３ドル」というような正確な数字は具体的な言葉や性格タイプのようなもので、視覚化して比較できるものだ。

こういった数字はビジュアル化して図形やグラフで表されたりするが、誤解を招くこともある。

また、脳の10％しか使わない、とか、コミュニケーションの90％は非言語だ、という数字がとても厄介なのもうなずける。

数字が具体的になればなるほど、説得力は増す。たとえば、南フロリダ、ロングアイランド、ニューヨークの１万６０００軒以上の住宅販売に関する分析では、具体的な価格（たとえば、37万００００ドルよりも36万７５００ドル）が明記された住宅のほうが高く売れたということがわかっている。具体的な初期価格によってより強い〝錨《いかり》（アンカー）〟を生み出せるのだろう。つまり、人々は交渉の余地がそれほどないと感じてしまうのだ。買い手がこうした傾向に対抗するには、概算になるよう数字を丸めてから交渉を始めるとよい（※7）。

狡猾《こうかつ》な詐欺師は、人に納得してもらえるような嘘を長時間維持するためには正確で具体

的な情報が必要だということをわかっている。

たとえば、バイオテックベンチャー企業のセラノスの創業者、エリザベス・ホームズは、どこで米軍がセラノスの機器を有効活用し、どの企業がその確度を実証しているかといった正確性の高い嘘をついていた。

バーニー・L・マドフは、彼のポンジ・スキームのヘッジファンドに所属する高卒従業員に対し、巨額の給料を支払い、事細かに書かれた取引証明書や取引記録、取引確認書を捏造させた。そこでの価格は実際の株価とすべて整合し、また偽の口座残高の合計金額も一致していた。彼の被害者は毎月それら報告書の数ページを一瞥《いちべつ》し、正確に報告された価格を見て、問題ないと判断していた。

ほかにも、財産を失った金持ちに対して、損失を取り戻すのを手伝うと申し出る詐欺師は、財産の特定の価格、形式、通貨について言及するのが常套手段だ（財産が長期間失われているのに、彼らはどうやってその詳細情報を得ているのだろうか？）。

計測器が間違っていることもある

〝2回計測してから切る〟〔英語のことわざ〕ように、念には念を入れろというのは素晴らしいアドバイスだ。しかし、手元の計測器が、私たちが測っていると考えているものを実は測っていなかったとしたら、なんの意味もない。計測器やツールの限界によってだまされることは、意外にもいたるところで起こっている。

1986年にチョルノービリ（チェルノブイリ）で起きた原子炉爆発直後の混沌とした状況では、現場の線量計は1時間当たりわずか3・6レントゲンしか記録していなかった。これは、地元住民の避難を求めるレベルではなかった。しかし実際には、3・6というのはこの機器で読み取れる最大値であり、その値がそのときの状況を伝える公式見解として報告されていたにすぎなかった。

原子力災害時にそのような機器に頼るということは、ダイエット中に自分の体重をキッチンスケールで測定し、目標体重に達したと結論づけるようなものである。

危機を最小限に抑える時間が過ぎてしまってから、適切な機器がメルトダウンの可能性を示唆したが、その時点ではすでにその災害を封じ込めるのは困難になっており、被害を軽減するにはさらなる費用がかかる結果となった（※8）。

チョルノービリの問題は、偽陰性として知られているものだ。つまり、**実は問題があるのに問題はないと私たちを安心させてしまう測定結果**のことである。低く示されたレントゲン値は、放射線被ばくリスクが低い証拠として誤って認識された。機械がはっきりとした答えを提示するも、私たちがその限界を知らない場合は、特にその偽陰性のリスクについて警戒しなければならない。

たとえば、新型コロナウイルスの新規感染者の検査であってもがんの再発検査であっても、適切な医療検査の陰性報告は、〝存在せず〟ではなく〝検出なし〟というようなフレーズが使われる。なぜなら、その検査では微量のウイルスや初期のがんのわずかな兆候は検出できないからだ。

完璧な精度を持つ高感度検査をしないかぎり、なにかがまったく存在していないことを証明するのは不可能であるため、〝存在せず〟と結論づけるのは不適切ということになる。

検査の感度が感染を検知できるほど十分に高くなければ、感染している疑いはまだ残る（たとえば、ごく最近に感染源に接していれば、その検査で検出できるほど十分なウイルスがないことになる)。

パンデミック初期の数カ月の緊急事態状況下では、正確性についてあまり検討されていなかったために、手近にあるツールの限界を数多く目撃することになった。たとえば、イギリス政府の新型コロナウイルスに関するウェブサイトは、2020年9月25日から10月2日の1週間で実施された陽性者数の1万5841人を報告できていなかった。

当時、イギリスの人々は前週と比較して何人増加したのか知らなかった。人数が訂正されたことで、感染傾向は横ばいから急増へと一変した。ここでの問題は、単に思いがけない見落としをしていたことではなかった。計測ツールに間違いがあったのだ。

イングランド公衆衛生サービスは民間企業が集約した回答結果のログファイルを回収していた。検査を実施して、その検査結果を自動的にエクセルファイルのテンプレートに統合させていたのもその民間企業だった。しかし、そのファイルはマイクロソフト・エクセルの古い〝xls〟フォーマットが用いられており、最大で6万5536行しか記録できなかった(最新バージョンの〝xlsx〟フォーマットでは、最大104万8576行の入力が可能だ)。

その結果、エクセルシートが最大限まで到達したとき、新たな検査結果が追加されなくなってしまったのだ。実際の数字はもっと大きかったのに、報告された人数は、エクセルシートの行の限界で上限を定められてしまっていた(※9)。

疑惑の「小数点第4位」

主張を魅力的に見せるフックは、まさに疑ってかかるべきものだ。2005年に発行された論文で、その後3700回以上も科学文献で引用されている論文がある。バーバラ・フレドリクソンとマーシャル・ロサダによる、彼らが「臨界ポジティビティ比」と名づけた法則の発見について報告したものだ。

彼らの分析によれば、ネガティブな感情に対してポジティブな感情が2・9013倍ある人は人生がうまくいき、それよりも比率が低い人はうまくいかない傾向があるという。人はネガティブな感情よりポジティブな感情を持つほうがよりよい暮らしをしているという意見は当たり前で、わざわざ議論するほどのことではないが、この論文はその成功への近道をズバリ数字で言い当てたことから、注目を集める科学ニュースとなった。

ポジティビティ比が小数点第4位まで正確に示されたことで、人間の経験を統率する自然の量的法則が発見されたことが暗に示された。これは心理学ではまれな出来事である

（※10）。

だが、仮にその法則があったとしても、小数点第4位まで正確に測定できる人間の行動はほとんどない。このように正確な数字で測定値が示されるものを見るときはいつも、その主張をするためにどれほどの証拠が必要だろうかと自問すべきだ。たくさんの証拠が必要だろうか？

その比率が2・9012や2・9014〝ではなく〟、ちょうど2・9013であると知るためには、データ提供者の1人ひとりから、いったいどれぐらいの経験数を得る必要があるだろうか？

答えは〝かなりたくさん〟だ。比率が2・9014（もしくはそれ以上）ではなく、2・9013であることを知るには、8万件のネガティブな経験と約23万2000件のポジティブな経験を対象にする必要がある。そして、その数字を出すには、どの経験も明らかにポジティブかネガティブのどちらかである場合であり、さらには間違いなくその回数を数えられ、どの人にとっても同じ比率になる場合に限ってはじめて、この経験回数で十分だと言うことができる（誤った思い込みはばかげた結論になりうることを思い出そう！）。

ロサダとフレドリクソンは、かなり少ないサンプルの観察を根拠としてみずからの主張を構築していた。60の企業からそれぞれ8人の役員が選出されたチーム内でのやり取りを観察していただけだった。これほど少ないデータでは、2・9013という数字が、それ以外の数千という明確に表された数字よりも正しいと結論づけるのは、数学的には不可能である。

もし、彼らが代わりに「およそ3対1だけど、もしかしたら1対1と同じぐらい低いか、5対1と同じぐらい高い」という比率で結論づけていたとしたら、私たちは彼らの分析が否定しがたいものだとみなしただろうか？（※11）

はっきりとした主張をすることで、ロサダとフレドリクソンの研究は、実際よりも科学的に厳密であるかのような印象を帯びた。

過剰に正確な主張をすることで誰かが得をする場合、その人が反論を突きつけられた途端に撤回し、もう少しおおまかな数字を出してくる（この場合は、〝およそ3のどこか〟と主張を和らげるなど）としても、そうした主張を認めてはいけない。

彼らはポジティビティ比を〝臨界〟と呼ぶことで、「人生がうまくいく」「人生がうまくいかない」という2つのはっきりした状態の間にある厳格な境界線をさらに強調した。境界線が引かれて、自分がいるべきでない側にいることは重要な意味を持つ――味方の軍隊があなたの近所に侵攻している場合でも、そうでない場合でも、だ。私たちが地図の境界を厳格に気にするのはこのためだ。

正確な回答を得るために必要なデータの数に考えが及ばないのは、科学の外に出ればさらに身近な問題である。ツイッター社（現・X社）は数年前から、規制当局への提出書類の中で、全ツイッターアカウントのうち5％以下のアカウントはボットによって操作されていると推計していた。

その後1カ月もたたない2022年4月に、イーロン・マスクがこのソーシャルメディア企業を440億ドルで買収する契約を締結したのだが、彼は「スパムやフェイクのアカウントが実際にユーザーの5％以下であるという計算を裏づける詳細が出るまで、この取引は一時保留とする」とツイートした。

パーセンテージに確固とした確実性があるとわかるためには、実に2億1400万人のユーザーの毎日のツイート（現・ポスト）がボットによるものかどうかを正確に分類する必要があったはずだ。しかし、マスクは別の方法をとった。

「それを調べるために、私のチームはツイッター上の100人のフォロワーからランダムにサンプリングします。私は仲間に呼びかけ、同じプロセスをくり返すよう指示し、何が見えてくるか確認するよう伝えます」

短い法的闘争がなされたあと、マスクはついにツイッター社を買収したが、論争はまだ消えていなかった。彼のとった手法で問題は解決できただろうか？（※12）

ボットの正確なパーセンテージを推計するためにランダムサンプリングを用いるというアイデアは、理にかなっている。1つひとつのアカウントをくまなく確認することに比べれば、はるかに効率的だ。しかし、サンプリングをするならば、測定の正確性について考慮に入れなければならない。マスクが100のアカウントをランダムに抽出し、ボットはわずか4つだったとわかったとき、2億1400万人の毎日ツイッターを利用するユーザーのうち、1070万人（5％）より少ないユーザーがボットだと、自信を持って言えるだろうか？

便宜上、ツイッターのユーザーの7％がボットだとしよう。マスクが買収計画を帳消しにするには十分な数字だ。100人のユーザーをランダムにサンプリングし、7％がボットだとすると、5つ以下のボットを観察できる確率は29％となる。つまり、彼はみずから設定した基準によって、誤った判断を下す可能性がおおよそ10分の3あったということだ。

ボットの正確な割合が7％だったとしたら、マスクが99％の確証を得るためには600以上のアカウントをサンプリングする必要があった。そうすれば、5％より少ないボットを誤って認識するのを避けられる。

より正確な回答を導こうとするなら、より多くのデータが必要となる。マスクが5％より多いボットアカウントでにぎわう彼のプラットフォームに440億ドルを費やさなくてもいいように、99・99％の確証を得たいと思ったなら、そして本当のボットの割合が実は5・1％であるというデータを得ようとするなら、33万2600以上のアカウントをサンプリングする必要があった。彼が示したプランの3000倍以上の数だ。

さらに、この推計は1つも誤作動を起こさないボット検出法があるという仮定に大きく依存している。新型コロナウイルスを完全に検出できる検査があると考えることや、ポジティブな経験とネガティブな経験を完全に分類できるとする考えと同じようなものだ。検査が不完全であれば、検査に必要な数はもっと大きくなるはずだ（※13）。

「具体的なもの」にやすやすと惑わされる

フレドリクソンとロサダの臨界ポジティビティ比は、実のところ、彼らがつくった数理モデルが出力した予想であり、人間の感情に関する経験について、十分と言えるほど多くのサンプルを分析して得た値ではなかった。しかし、その主張じたいがそうだったように、モデルによる仮定は正当と認められなかった。

ロサダは流体の挙動をモデル化するための計算式を、以前彼が実施していた480人の経営者の観察に適用したようだった。

ニック・ブラウンやアラン・ソーカル（人文科学誌にいたずらをしかけた、あのアラン・ソーカルだ。彼はポストモダン思想家の文体をまねて科学用語と数式をちりばめた「無内容な論文」を作成し、これをポストモダン思想専門の学術誌『ソーシャル・テキスト』に送ったところ、そのまま受理・掲載された。その後、ソーカルはデタラメな疑似論文であることを暴露したが、それを見抜けなかった専門家を批判したことで社会の大きな注目を集めた）、ハリス・フリードマンが説明したように、人間の感情のモデル化に使われる変数の種類は、そうした計算式に適用する際に必要な基準を満たしていない。

仮にそうした基準を満たしていたとしても、フレドリクソンとロサダはそのモデルを適用し恣意的な方法で微調整して、ロサダが実施した経営者の研究で観察したとされる状況にある程度近くなるように、予測を数値化して表したのだ。フレドリクソンとロサダは、モデルが出した結果を、人間の普遍的な法則であるかのように見せたのである（※14）。

ブラウンの研究チームは、フレドリクソンとロサダのアプローチを次のように説明した。

「ルービックキューブが奇跡的に5秒以内に解かれるビデオを見ているのだが、実は、撮影されていたのは、揃えられたキューブがごちゃごちゃにされる一連の様子で、それを逆再生したものを見せられていたことに似ている」

この批判を受け、フレドリクソンは、ロサダのモデルに依存していたことを認め、「それを疑問に思うようになった」と告白した。

元の論文を掲載した学術誌は、訂正通知を出し、当論文のモデリングの部分を科学文献から公式に排除すると通達した。そこには、「特定のポジティビティ比に関するモデルベースの予想」も含まれていた（※15）。

少なからず言えるのは、ポジティビティ比の誤りは、現実を正確に説明するものであるかのように数学モデルを扱ったことで生じたということだ。

しかし実際には、モデルは科学者や民間企業、政策立案者が具体的な予測や推量ができるぐらいに現実を単純化するツールであり、現実と照合して確認するものであるべきだ。モデルが使いやすいものであるためには、複雑である必要もなければ、正確である必要もない。

たとえば、「アメリカ株の年利回りは7％だ」という言説は、今1000ドルを投資すれば10年後には1967・15ドルの価値になるという明確な予測をするモデルである。たとえこのモデルが正しくても、最後にその金額がきっちり手元にあると期待するべきではない（金融市場にはノイズや矛盾がつきものだからだ）。しかし、元金よりも多い額が最終的に得られる見込みは高いといえる。

正確性には確かに利点もある。**ほかの条件が同じであれば、あいまいな予測をするモデルよりも、正確な予測をするモデルのほうがよい。**

新しい販促キャンペーンの結果、単に〝売り上げが伸びる〟と予測するモデルよりも、〝〇〇ドルまで売り上げが伸ばせる〟と正確に予測するモデルのほうが優れている。

明日、雨が降ったあとに晴れるとわかるのは便利だが、予定している午後2時のアウトドア・ウエディングまでには雨が上がるとわかるほうが、ずっとよい。

しかし、正確なモデルは、データや、結果の観察によって検証できる数値よりも、モデルから出力された数値のほうがより厳密な数字だった場合に、誤った印象を与えてしまう。気象モデルが確度を欠き、1日中雨であれば、そのモデルの正確性がどれほど高くても使えない、と私たちは見なしてしまう。

確度（アキュレシー）と正確性（プレシジョン）は、よく混乱しがちだが、根本的に異なる概念だ。確度の高い測定ツールは正答に近いものを提示する。正確性の高い測定ツールは、詳細で矛盾のない回答を提示するが、それが正しいか誤りかどうかは関知しない。

2・9013という明確でぴったりとした数字を出したポジティビティ比の主張は、真実よりも「真実らしく」見える。正確性のある主張ではあるが、その正確性は私たちに確度の高い数字だという誤った印象を与えてしまうのだ。

世論調査が信用できないこれだけの理由

確度について誤った印象が持たれていると、世論調査や政治的選好を扱うときにとくに問題の種となる。世論調査では候補者や政策への支持率が、はっきりとしたパーセンテージとして報告されるが、不確実性を示すために誤差を含めることが多い。しかし、そもそもの仮定に欠陥があるとき、推計の確度は驚くほど低くなる可能性がある。

世論調査とは、広範な集団――たとえば選挙日の投票者――について何かを言うときに、1人ひとりへの個別調査をせずとも、量的な数値で示そうとする科学的な試みだ。もし1回の調査で国内の全投票者に対し意見聴取をすることができるならば、世論調査が国民の声を代表しているかどうかといった悩みを持つ必要などない。

しかし、大きな集団について調べるために小さな集団をサンプルにして調査をする際には、「調査対象とした人々が、対象外の人たちとあらゆる側面で同様であるように」と願わないといけない（※16）。

政治に関する世論調査では、この**「代表性」の問題が完全に解決されることはない**。社会には、人種やジェンダー、世代、教育レベル、宗教、政治的信条、知らない番号からかかってきた電話に答える意思、そのほかの属性を持った人々がさまざまに組み合わさっているのだが、**世論調査に回答する人の集団がそうした人々の人口分布に完全に合致することはけっしてない**。

天文学的にあり得ないような確率ではあるが、たとえ、世論調査員が電話をかけた相手がみな電話口に出て、質問に答えるということが実現した場合であっても、必ず何らかの社会的属性や集団が不均等に代表されることになる。

調査結果が全人口を代表するものとなるように、専門の世論調査員は重みづけスキームを活用し、サンプルの人口構成を調整する。

仮に年配の白人の回答者が過度に多い場合、実際の回答よりも少ない数を計上して予想を見積もるのだ。若年層の黒人の投票者の割合が過度に少ない場合は、実際の回答数よりも多い数を計上する。しかし、2つの世論調査を実施した場合、たとえ同じ世論調査員が同じ日に同じ調査を実施して2つのサンプルを回収したとしても、予想結果はわずかに異なる可能性がある（※17）。

2016年のアメリカ大統領選キャンペーン期間中、『ロサンゼルス・タイムズ』紙と南カリフォルニア大学は「デイブレイク」と称する世論動向調査を実施した。「選挙のたびに新たな投票者をランダムにサンプリングして調査する」という一般的な政治世論調査とは異なり、「デイブレイク」では「パネル」と呼ばれる同じ3000人の集団に対し、投票の意向について毎日調査するという手法をとった。

各世論調査でサンプルを変更するとどうしてもノイズが生じて結果が左右されるが、「デイブレイク」調査の目標は、そうしたノイズを排除した上で、投票傾向の推計を示すことだった。3000人のサンプルは人口構成にできるかぎり合致するよう重みづけがなされ、投票の意向について毎日報告する意思のある人々を募集した。「デイブレイク」のようなパネルが持つ欠点は、もしパネルのもともとの構成が何らかの形でいびつだった場合、そのいびつさが世論調査の結果にまで反映されてしまうことだ（※18）。

ふたを開けてみれば、その世論調査では回答者全体のなかに若い黒人男性はたった2人しかいなかった。1人はヒラリー・クリントンを支持し、もう1人はドナルド・トランプを支持していた。どちらも人口構成に合わせて重みづけがされたが、それは若い黒人男性の典型的な投票行動を代表することにはならなかった。

アメリカでは、黒人の若者は圧倒的に民主党支持者が多い。トランプに投票する人はかなり少ないため、この調査の場合、2人ともクリントンに投票するだろうと予測するほうが、どちらか1人がクリントンに投票すると予測するよりも世論を正確に反映していたはずだ。

だが、ここでの「集団」には若い黒人男性がたった2人しかいなかったために、この2人が世論調査の最終結果に実際よりもずっと大きな影響を与えていた。2人の意見は、この調査で最大の比率を占めた集団（おそらくは年配の白人）の約300倍、また他の平均的な集団の約30倍もの重みづけで集計された。

このため仮に2人のうち、トランプを支持する被験者が調査に回答しなければ世論調査の予想は1％クリントンに傾き、回答すればトランプに1％傾くことになった（※19）。

グーグル・マップが提案するルートを信用すべきか

世論調査や市場調査、ボットかボットでないかの分類、科学実験などでは、参加者の数はカメラの中のセンサーや、望遠鏡の中にある鏡のようなものだ。そこでは、サンプル数が多くなればなるほど、私たちが判別できる違いは小さくなる。

正確な数値を伴う主張——ネガティブな経験とポジティブな経験の比率が1対2・9103とする繁栄の臨界点を表す比率や、X（旧・ツイッター）のアカウントのうち5％以下はボットだとする主張など——をするには、それを正確に測定できるぐらい大きなセンサーが必要となる。

クリントン支持者が90％いるということを測定するには、たった2人のサンプルでは不十分だ。心理学を含む社会科学分野の実験では、信頼のおける答えを提供できるだけの強力な望遠鏡を欠いている場合が多い（※20）。

たとえば、卵好きな人は、卵が苦手な人よりも卵サラダを食べる回数が多いかどうか、について考えたことはあるだろうか？　みなさんと同様、筆者も考えたことなどないが、意思決定科学者であるジョー・シモンズの研究チームは、その答えが「はい」であると結論づける研究を行った。

ここで重要な問いが浮上してくる。この結論を導くために、彼らは何人に対し調査しなければならなかったのだろうか？　少数に質問し、最初の3人がたまたま卵好きで、しかし卵サラダは好きではないと回答したとすると、私たちは簡単に誤解してしまうだろう（きっと「おお！　おもしろいことを発見したぞ！」と思うのではないだろうか）。

卵好きと卵嫌いの人たちのあいだに「卵サラダの好き嫌い」について明らかな違いがあったとしても、80％の確率でその違いを結果に生じさせるためには、47人以上に対して調査を実施する必要がある。わずか10人のみの調査では、誰にも調査していないことと同じなのだ（※21）。

これこそが、シモンズがそのようなわかりきった関係性について調査を実施することで提起したポイントだった。もし、わずかなデータ数しかないのに、「卵好きは卵サラダを好む」といったありきたりのものではない、意外性があり、決定的で、議論を巻き起こすような結論を導こうとするとき、証拠が十分に揃っていない可能性が高い。

むしろ、**正確性の錯覚によって思い違いをしている**と言える。子ども用おもちゃの望遠鏡をのぞき込んで、土星に衛星はない、と結論づけるようなものだ。

近郊の都市を運転中に、グーグルマップがいつもとは違う、早く目的地に着ける道を提案してきたことが2回あったとしよう。あなたはその提案を受け入れるが、いずれもすぐにひどい渋滞にはまってしまい、最初に考えていた道で行くよりも遅く着いてしまった。このような経験は誰しもあると思うが、次からはそうした提案には乗らないでおこうとか、別のナビアプリに乗り換えよう、などと考えてきたのではないだろうか。

しかしこの2回連続の間違い（もしそれが間違いであれば、の話だ。もともと計画していた道順にこだわっていると、さらに遅く到着した可能性もある）は、あなたが長年使ってきたツールについて結論を下すに十分な証拠と言えるだろうか？

インデックスファンドの利回りを上回る株を2つたまたま買っていた場合、「自分はつねに市場平均を上回れる」と言い切れるだろうか？

スーパーボウルの優勝チームを過去2回的中させたからといって、仕事を辞めてプロのスポーツベッター（スポーツで賭け事をする人）になるだろうか？

ごく最近に連続して経験した小さなサンプルに頼るのは、データの取り扱いとしては最悪のやり方だ。信用に足る結論を得るための十分な根拠があることなどほとんどあり得ないのに、それぐらいの根拠で私たちはいつもだまされてしまう。

「短期間で2倍になっているデータ」を探す

正確性に引きつけられるがあまり、モデルや小さなサンプルデータから推論して導かれた結論にだまされてしまうのと同じように、未来の予想について根拠のない自信を持ってしまうことがある。

米国運輸省は議会への定期報告で、その年の車両の国内総走行距離を推計し、今後20年間の道路交通状況を予想している。

報告書では、年を追うごとに交通量は増えると予想されていた。しかし、実際には交通量は1990年代後半に徐々に減り、2000年代前半にもさらにわずかに減るという結果になった。

ウィスコンシン大学の研究機関であるステイト・スマート・トランスポーテーション・イニシアチブの所長、エリック・サンドクイストが2013年にこの予想について分析したところ、ここで使われているモデルは1980年代の傾向にもとづいて構築されたもので、以降アップデートされていないことがわかった。

このような古いモデルを使用することで被る財務的・社会的損失は大きい。将来の交通量が少なく見積もられれば、道路は渋滞しボロボロに破壊されかねない。このモデルのように、交通量が多く見積もられれば、必要のないインフラ建設に資源を浪費することになってしまう（※22）。

政治予想は、市民の声を代表するサンプルにもとづいてなされている場合にかぎって正確だと言える。同様に、**未来——もしくはなんらかの新しいデータ——についてのモデル予想は、モデルそのものが同じようなデータを使って随時修正されている場合にのみ有益**となる。これまでに見聞きし体験したことの未来を予想するのは比較的安全だ。しかしそれ以上のことを推定すると、悲惨な結末になることがある。

未知のことを推定する危険についての例として筆者が授業でよく取り上げるのが、100メートル走の予想だ。

過去100年間で、男子でも女子でも世界記録のタイムが更新されてきたが、女子のほうが大きく記録を更新した。

1922年では、男子が10・4秒、女子が12・8秒で、男子のほうが2・4秒も速かった。だが、2022年時点では、男子が9・58秒、女子が10・49秒となり、その差はわずか0・91秒に縮まっていた。
『ネイチャー』誌に掲載された科学論文は、100メートル走の男女のオリンピック記録を1900年から分析し、単純な計算にもとづいて将来の記録更新を予想した（平均して男子が0・011秒、女子が0・017秒ずつ毎年記録を更新するとした）。予想結果は、2156年までに女子が男子よりも速くなり、その年に女子が8・079秒、男子が8・098秒を記録するとした。

しかし、毎年変わらずに記録を更新し続けるという傾向になるとは考えられない。もしそれが実際に起こり得るなら、2636年までに、人間は100メートル走を走り出す前にゴールしてしまう計算になる。そして女子はこの奇跡を男子よりも数年前に起こしてしまう計算になるのだ（※23）。

単純計算で未知の物事を推量するだけでも十分危険なのに、複雑なパターンを持つものを推量すると、問題をこじらせかねない。直感的にそれが理解できない場合があるからだ。

車が1台、高速道路を猛スピードで走っているのを見れば、それがどれぐらい速く動いているか（場所の変化）を見分けるのは、どれぐらい加速しているか（スピードの変化）を見分けることよりも簡単だ。小さな数から始まった数字や、小さすぎて心配することも気づくこともないような数字は、人が直感的に認識するよりも早く、心配になるレベルに到達する。世界が目撃した新型コロナウイルス感染症の急拡大もそうだ。
複利で増える利子が富をさらに増幅させるのと同様に、何かが急激に大きくなるとき（一瞬で「バズる」とき）、それが与える影響も大きくなる。

たとえば、街の新型コロナウイルス感染者数の合計が毎日10人ずつ増えていくと、10日後には100人以上が感染したことになる。毎日10人ずつ増えるという点で、傾向は単純で直線的だ。X軸上に日にちを、Y軸上に感染者数をとってグラフを描けば、右肩上がりの直線となる。

ここで、ある日10人の新規新型コロナウイルス感染者がいたとしよう。翌日には、11人の新規感染者が、翌々日には12人、そして日を追うごとに13人、14人とそれぞれ増えていくと仮定する。毎日、私たちは新規感染者数を目にするが、10日後に感染者数の合計が145人に、13日後には200人以上になるというのは、直感的にはわかりづらい。前日よりも1人ずつ増加していくという、変化率はわずかであるにもかかわらず、10日後の結果が、毎日同じ10人ずつ感染者が増加する場合と比べて45％も増加することになる。グラフを描けば、グラフが右に進むにつれて傾斜が急になり、線は上向きに曲がっていく。時間がたてばたつほど、10人ずつ感染して増えていく場合の総合計数に到達するまでに残された時間は少なくなっていく。

急激な拡大を目の前にして正確な予想をするためには、数学が必要だ。しかし、急激な拡大によってふいに驚くことがないようにするには、変化率が時とともに増大しているかどうかに注目すればよい。

そして、**変化率が増大している場合は、その問題が手に負えなくなってしまうときまでわずかな時間しか残されていない**ということを知っておく必要がある。この確認には、シンプルな経験則が役に立つ。**短期間で2倍になっているものを探す**のだ。

そして、もっと短い期間でさらに2倍になるときは、特に警戒しなければならない。そのとき私たちは100年に一度のパンデミックや、一生に一度のビジネスチャンスを目の当たりにしているかもしれないのだ。

「はっきりした約束」を欲しがる私たち

2020年5月初旬、アメリカでの新型コロナウイルス感染症による死亡者の報告が比較的少なかったころ、トランプ政権は、政権内の対策委員会からの助言や、6月1日までに死亡者数が20万人に達するだろうと予測した専門家の意見に反し、公衆衛生上の制限を解除しようとした。ホワイトハウスは、独自の「キュービック」モデルを強調してその政策を正当化した。そのモデルは、1日の死亡者数が5月15日までにゼロになると予想するものだった(※24)。

トランプ政権でこのモデルを構築したのは、感染症の専門家でも疫学者でもなく、大統領経済顧問のケビン・ハセットだった。彼は、大量のデータをさまざまな形状の傾向線で表示できるマイクロソフト・エクセルの関数を試し、楽観的な予想になるまでそれをくり返したらしい(※25)。

キュービックモデルは2度、方向を変える。最初は高い数値を出し、その後下降し、そして上昇し、再び下降する。もしくは、低い値から出発し、上昇し、下降し、再び上昇する。曲線の始点で起こる事象によって、そのデータが終了し外挿が始まる方向性が決まる。死亡者数がゼロになるという、このトランプ政権の予測では、パンデミック初期における短期間の1日当たりの死亡者数の変動パターンから、それが減少傾向にあると判断し、一時的に死亡者数が増加傾向になっても、将来的には減少すると考えた。だが、もしパンデミックの初期の死亡者数の傾向を増加と見なしていたら、死亡者数は今後も大幅に増加するという予測が成り立ったはずだ。

すでにご承知のとおり、パンデミックはまもなく終焉するという、ハセットが立てた予想は間違いだった。2020年5月半ば時点で、アメリカでは毎日約1500人の死亡者数を記録していた(※26)。

極端に楽観的な予想を立てたのはトランプ政権だけではなかった。イリノイ大学は、2020年の秋学期が始まる前、ある「最悪の場合」とする予想を立てた。それはアーバナ・シャンペーン校のキャンパスにおいて、感染者数は常に100人以下で、数週間以内に1桁に下がり、学期全体で合計約700人が感染するというものだった。最悪の事態を予想する人がいるときはいつも、慎重になるべきだ――ほぼどんなときでも、それよりもさらに悪い事態というのは存在するからだ。

実際は、そのキャンパスでは3923人の感染が11月下旬までに確認され、平均で1日当たり40人の新規感染者がいたことになる。ホワイトハウスのキュービックモデルとは異なり、イリノイ大学のモデルは数学的に厳格だった。しかし、キュービックモデル同様、大学が出した結論が土台としていた初期の想定には欠陥があった(※27)。

合計で700人の感染者が出るという予想は、学生が検査と感染追跡調査に完全に応じ、学生が24時間以内に検査の陽性結果通知に気づく、という仮定のもとで立てられたものだった。騒ぎたいさかりの若者が集う大規模な公立大学ということを考えれば驚くことではないが、検査実施率は100%にはほど遠く、学期の重要な最初の数週間で、検査結果が通知されるのも24時間をかなり超えてからだった。

モデルじたいが問題なのではなかった。問題は、そのモデルを人々がどのように解釈し、活用するか、にあったということだ。おそらく、この予想のもっとも恐ろしい点は、根拠のない正確性だといえる。

この700という数字が数ある可能性の中のたった1つの数字にすぎないということ、そしてこの700人という予想が、学生が検査や調査に承諾し、滞りなく調査が実施されるという重要な仮定に依拠していたことを、大学は1つも明らかにしていなかった。もっと現実的な仮定に立てば、同様のモデルであっても3000人から8000人という予想となった（※28）。

私たちはみな、正確性があれば説得力があると思う。**私たちをだまそうとする人もまた、厳密な数字を提示するものだ**。そして私たちはその数字が約束するものに惹かれているからこそ、簡単にだまされてしまう。

完全な遠隔教育を避けたいと思っていたイリノイ大学の理事らは、700人という正確な「最悪の事態」の予想に喜んで従っただろう。トランプ政権は新型コロナウイルスに関する課題を実際よりも小さく見せたかったために、死亡者がゼロに急降下するという正確な予想を容認したのだ。

数週間で新型コロナウイルスの死亡者がゼロになるという予想は、あまりにも都合のいい話で現実には起こらないように見えたし、実際に歴史がその証人となった。

現実にはあり得ないほど都合がよすぎる話には、たいてい具体的な数字や、もっともらしい説明が伴っている。チャールズ・ポンジが90日間で50％の利益があると約束したのと同じである。

フック

8

有効性《ポテンシー》

「奇跡」と
「ドラマ」はない

#「ヘビの油」がもてはやされた背景

ポピュラーサイエンスの世界には、「ブラジルで1匹の蝶が羽を動かすとテキサスで竜巻が起こる」という有名な言葉がある。実際は、小さな原因から大きな効果が生まれると主張する人がいれば用心すべきなのに、有効性には必要以上に人を信じ込ませる大きな力がある。

「これは奇跡的な治療だ」という謳い文句は、今日どこでも見られるが、19世紀後半、処方箋なしで薬が買えていた時代がそのピークだった。

米国では1880年代に大陸横断鉄道が建設されたが、その建設事業の労働力の多くは、中国からの移民に依存していた。当時、移民にはこのような過酷な肉体労働ぐらいしか働き口がなかった。現代医学がもたらされる前のこの時代は、アスピリンも開発されておらず、関節や筋肉の痛みを和らげる術を労働者はほとんど持っていなかった。中国人労働者は、伝統医療、つまりヘビの油（スネーク・オイル）に頼っていた。

当時、ヘビの油は世界中で使われており、筋弛緩薬や関節痛を無痛にするための麻酔薬としての使われ方がもっとも一般的だった。中国人が使うヘビの油は、ほとんどが水ヘビの油だったが、ヨーロッパ人はマムシを、ネイティブ・アメリカンの部族はガラガラヘビを使った（※1）。

現代のスネーク・オイルの評判について誰よりも責任を負うべき人物がいる。「ガラガラヘビの王」として知られるクラーク・スタンリーだ。1893年のシカゴ万国博覧会で、スタンリーはブースを出展し、そこでヘビを操り、『アメリカン・カウボーイの人生と冒険：最西端の地での本当の暮らし』と題する、53ページに及ぶ奇妙なパンフレットを配布した。

そこでは、最初の項目でカウボーイの暮らしの栄華について書かれ、2つ目の項目では彼のつくったスネーク・オイルの塗り薬が、健康にとってあらゆる面で効果てきめんだ、という宣伝文句とともに掲載されていた。そしてブース内で、彼は実際にそれを販売した。

スタンリーは、スネーク・オイルの効能について広めるために、疑似科学の文言をまねた。彼は、スネーク・オイルの薬にまつわる古代の秘密について、アリゾナ州ウォルピに住むモキインディアン（ホピ族）から、1870年代の2年間をかけて学んだと主張した。

彼の広告によると、スタンリーのスネーク・オイルの塗り薬はほかの治療よりもはるかに効能が高く、「医療の専門家を驚かせるほどの力で痛みを消滅させる」と謳っていた。

スネーク・オイルを友人に試し、「リウマチ、神経痛、坐骨神経痛、背中の張り、腰痛、腱《けん》の収縮、歯痛、捻挫《ねんざ》、腫れ物、凍傷、しもやけ、打撲、のどの痛み、動物や虫、爬虫類による噛み傷」を治したと言い張り、「解毒作用があり、痛みを和らげ、腫れを抑え、傷を治す」とまで言った。スネーク・オイルを「痛みを破壊する素晴らしい調合薬」であり「すべての痛みや不自由を癒やす最強で最良の塗り薬」とでっちあげたのだ。

現代では、ほとんどの国で医療広告は厳重に規制されており、どのような病気であっても治療薬が市場に出回る前には効能と安全性が入念に検証されている。だが、1906年以前はそのような法制度はアメリカに存在していなかった。そのため、伝統的な治療によってさまざまな効果が得られるということが当たり前のように謳われていた。

筆者のシモンズは、1800年代から1900年代初頭の薬瓶をコレクションしているのだが、規制されていない治療法がたくさん存在していたことがそこからわかる。多数の、それも関連性のない病気への効能が書かれているのだ。ウォーカー製薬社による「ヒモサ」は、「リウマチ、神経痛、痛風、腰痛、坐骨神経痛、その他リウマチ性疾患に効く調合薬」だった（アルコール含有量20％）。ドクター・ハンド社の「プレザント・フィジック」

には、「幼児、子ども、成人向けの便秘薬。妊娠中、産褥期の便秘や、しつこい便秘には特に効果的。肝臓を刺激し、腸を整えても、お腹は痛くならない」と書かれていた（アルコール含有量6％）。

セント・ジェイコブ社の「オイル」は、「リウマチ、神経痛、背中の痛み、やけど、捻挫、腫れ物、打撲、うおのめ、まめ、家事による事故、馬や牛がかかるすべての病気を治す、素晴らしいドイツ流治療法」（アルコール含有量なし！）と盛んに宣伝した（同様の宣伝文句は、今日でもサプリメントやビタミン剤の売り場で目にすることがあるが、これらは医薬品ではなく、食品としてアメリカ食品医薬品局〔FDA〕の規制管轄下にある）。（※2）

クラーク・スタンリーは、規制基準の甘さにうまくつけ込み、スネーク・オイルビジネスを成功させ、マサチューセッツ州とロードアイランド州に工場を構えた。わずか数年後の1906年、純正食品薬事法が施行され、スタンリーの商品が調査されることになった。1917年、彼は広告で虚偽の商品説明をしたとして20ドル（現在価格で約475ドル）の罰金を科された。

しかし、罰金の支払い対象となった虚偽というのは、坐骨神経痛からのどの痛みにいたるあらゆる症状の治療を謳ったことに対してでもなければ、うさんくさい発見秘話でもなければ、効果のない治療についてあおり立てたことでもなかった。彼が罰金を支払ったのは、スネーク・オイルの塗り薬に本物のヘビの油が使われていなかったからだった（※3）。

スネーク・オイルは、スタンリーが謳うような万能薬ではないにせよ、痛みを和らげることはできるかもしれない。それを立証したり反論したりする科学的根拠が十分にないというだけだ。

しかし、スネーク・オイルのセールスパーソンは、根拠がないなかで商品の効果をあおり立て、彼らが主張するような効果など起こりえないメカニズムにもとづいた治療薬を宣伝した。そう考えれば、セールスパーソンの手腕は評価に値する。

過度な有効性を伝える、人を欺くような表現は、**「有効成分は何だろうか？」と問うことで見抜ける**ことが多い。商品や治療法のどの部分が機能して、ここで謳われている効果が得られるのだろうか、あるいは、これまでにわかっている成分以外にも有効成分があるのか、と問うことで、それが実際よりも効果があるように見えていた理由がわかってくる。

たとえば、ほとんどのホメオパシー療法では、有効成分の含有量はごくわずかであり、効果として認識されるものはプラシーボ効果や自然回復によることが多い。同じことが、レイキ療法などの「エネルギー療法」にも言える。これはエネルギーが出る場所を検知して操作し、ときには長距離から、病気を診断し治療するという治療法だ。そのようなエネルギーの発生源が存在することも、施術者がそれを操る能力があることも、科学的に立証されていない。

もし商品やサービスが、広告されているとおりの強い効果を持っていたなら、世界はどれほど違っていただろう。もし**超能力者に本当に未来を予知する能力があるのなら、カジノを破産させることも、宝くじの「大当たり」を次々に引き当てることも可能だろう。だが、そんなことは起きていない。**それは、そのような能力を持つ人がいないことの証左ではないだろうか。

「たちまち健康になれる」という嘘

健康関連企業のウェブサイトでは、創設者が発明したセラピーや治療を称賛し、製品の効果が利用者の証言によって語られ、ほんのわずかな取り組みで大きなメリットが得られると宣伝する。

私たちが独自に包括的なレビューを実施したところ、こうした企業は根拠をもってその製品をほめちぎるが、認知課題に取り組むことで現実世界での認知力が向上するとか、健康な人々の頭がよくなるといった考えを裏づける根拠はほとんどないことがわかった（※4）。

ポピュラーサイエンスの世界の決まり文句に、「ブラジルの蝶が羽をはばたかせればテキサスで竜巻が起こる」というものがある。「小さな変化が大きな違いを生み出す」という考えは世界中で見られる。それは人々の興味をかきたて、クリックや拡散を促すための惹句《じゃっく》として頻繁に用いられる。

しかし、実際に小さな介入で大きな効果を挙げられるものもある。それはとても価値のあることだ。ワクチンや抗生物質がそのよい例だ。一度の注射や短期間の薬の服用によって、目前に迫る死の危険が回避でき、その後の人生を生きられる。大局的に見れば、社会や文明にとっても健康や長寿という大きな効果が見返りとして得られる。

しかし、このような小さな介入で劇的な効果が得られることは、そう頻繁に起こるわけではない。たいていの場合、ライフハックが人生を変えることはなく、大きな効果は大きな介入があってこそ得られるのだ（※5）。

「プライミング効果」が行きついた末路

「小さな介入が大きな効果を生む」という考えは非常に魅力的であるため、専門家ですら正しい判断ができなくなることもある。有名な科学者でありノーベル賞受賞者でもあるダニエル・カーネマンもその1人だ。

ベストセラーとなった著書『ファスト&スロー』（早川書房）の第4章で、カーネマンは数々の研究を紹介している。ほぼ気づかないようなごく小さな影響によって私たちの考えや行動がいかに大きく変わるかについて明らかにした研究だ（※6）。

なかでも有名で有力な実験に、学生が単語のセットから文章をつくるように指示されるものがある。ある被験者に対しては、セットの半分に「しわ」や「忘れやすい」、「フロリダ」といった、老いに関する単語が含まれている。この課題を終えた後、学生は実験室を離れ、エレベーターまで歩いていく。しかし、この実験はまだ終わっていなかった。研究者らはひそかに彼らの歩くタイムを測定し、ある仮説を検証した。老いに関する単語に

ついて考えた人は、無意識のうちに「プライム（先行刺激）」を受け、高齢者のようにより
ゆっくりと歩く、という仮説だ。

　案の定、プライムされた学生はエレベーターまでの約10メートルの距離を歩くのに、平均して1秒多く時間がかかった。この研究結果は「プライミング効果」とされ、大きな評判となった。自分の身のまわりにあるものがたとえ小さく、気づきもしないものであっても、このような大きな影響力を持ちうる。だから、私たちは直感的に信じているよりも、自分の行動や判断をほとんどコントロールできていないに違いない、と人々は考えた（※7）。

　カーネマンは、こうした研究結果は読者にとっては信じがたいものだろうと予想し、いかにここで示された根拠が信頼に足るかを力説しなければならないと考え、次のように述べた。「しかし、重視すべき考えは、信じないということは選択肢にないということです。この結果はでっちあげたものでも、統計学的に見て偶然の産物でもありません。これらの研究が真実だという重要な結論を認めるほかないのです。さらに言えば、この研究は〝あなた〟自身にも当てはまるのだということを認めなければならないのです」

　しかし、こうしたプライミング効果には疑いの余地はない、とカーネマンが主張して以降、多くの研究者らが再現実験を試みたが、同様の結果は再現できなかった。

『ファスト&スロー』が2011年に出版された直後――独立した研究室が、元の実験よりも厳格な方法でプライミングに関する再現実験をするも、あえなく失敗となってからそう時間がたたないうちに――カーネマンは高齢者効果のプライミング実験をした研究者に宛てて手紙を書き、それぞれの実験を再現して科学的根拠を補強するよう頼みこんだ。

「あなた方の研究分野はいまや、心理学研究の誠意に対する疑惑のイメージキャラクターになっています。（中略）団結してこの混乱を何とかしていただくべきでしょう」

この手紙にはほとんど返信がなかった。だが、プライミング効果の批判者に対して否定的な意見を述べる者もいた。たとえば科学ジャーナリストのエド・ヨンとのインタビューで、社会心理学者のノバート・シュワルツはこう述べている。

「これを心理学版の気候変動の議論だと考えればいいのです。（中略）プライミング効果の分野に精通している大多数の心理学者にはコンセンサスがあります。ごく少数の根強い懐疑論者が、それを否定しようとしているのです」

だが、科学者が自説への批判を気候変動否定論と一緒にして耳を傾けようとしないのは、誠実な態度とは言えない（※8）。

くだんの歩行のプライミング効果についての論文の著者であるジョン・バルフは、6年後、1冊の書籍を著した。そこでバルフは、ほんのささいな要因が私たちの日常生活における行動や思考に大きな影響を与えていると主張し、こうしたプライミング効果は新たな心理療法にも適用されうる、と提起した。

彼の書籍では、自身やほかの研究者による再現実験が失敗したことについて、なんら言及されていなかった。彼は、ほかの研究者らが再現できなかった研究――それには彼の高齢者効果のプライミング研究も含まれている――を無視し、一方で、似たような、まだ再現性のない研究を記載した。

バルフが著書を発行した同年、カーネマンは自身が送った手紙の影響について振り返った。「この研究論文の著者たちが集まって、より強力な根拠をもとに彼らの研究結果を補強することを願いましたが、何もなされませんでした」

これらの社会的なプライミング効果が大きな効力を持ち、私たちの日々の思考や行動、振る舞いを決定づけるのであれば、その効果の信奉者らは実験室での再現実験に手こずることはほとんどなかったはずだ。だが実際には、第三者による直接的な再現実験（小学校の教科書にも載っている、研究結果を確認するための基本中の基本）が、自分たちの分野には関係ないと主張することに力を注ぐことになった（※9）。

あの有名な研究結果もひっくり返る

プライミング効果の研究者は、カーネマンが提起した課題にほとんど対処しなかったが、外野の専門家らがそれに取り組んだ。多くの心理学者のように、筆者2人も高齢者効果のプライミング研究の結果に興味をそそられた。

筆者の専門分野である認知心理学では、プライミングは確立された現象ではあるが、それは、ある単語や絵を見ると、同一あるいは関連した単語や絵をそのすぐ後に見たり処理したりする力がわずかに高められるという考えに依拠している。

認知心理学の核となる考え方では、「プライム（先行刺激）」と「ターゲット（観察する対象）」の違いが大きくなるほど、プライミング効果は弱まる。数分間、与えられた単語群を使って文章をつくり、無意識のうちに加齢という一般的なアイデアが想起され、そこから加齢と歩行速度の関係性につながり、その結果、しばらくたつと別の場所で歩くスピードがよりゆっくりとなる、という考えは、数十年の歴史を有する厳格なプライミング研究を知る筆者から見ればありえない話である（※10）。

だが、バルフが稀有《けう》なバタフライ効果を発見していた可能性はある。そこで筆者は独自に検証することにした。学生と協働して、バルフの研究チームが直近で出した、同様のプライミングのからくりに従って、彼の実験を再現したのだ。

2008年の『サイエンス』誌に掲載されたその研究は、物理的な温かさを経験すれば概念的な温かさが活性化され、その結果、別の温かさの意味、たとえば人間関係の温かさや、他人を「温かい人だ」と判断することなどもプライミングされるという考えを検証するものだった。論文には、2つの実験で明らかになった大きな効果が述べられていた。

要旨はこうだ。温かいコーヒーカップを持っていた人が「人としての温かさ」を1から7の間で点数づけすると、冷たいカップを持っていた人よりも0・5ポイント高く点数づけした。そして治療に使われる温熱パックを短時間持っていた人は、冷却パックを持っていた人よりもより社交的な振る舞いをした。

これらの実験をできるかぎり同じような手続きを踏んで再現し、もとの研究の3倍以上の被験者を対象として実験をした。ところが、温かいものを持つことで人々の考え方や行動がすぐに変わる、とする結果はほとんど得られなかった（※11）。

2017年、トロント大学のウルリッヒ・シマックは、ダニエル・カーネマンの著書で疑いようのない根拠として記載されていたプライミング研究について1つひとつ分析し、そこでの研究の多くで、彼らの主張を裏づける統計的証拠がほとんど示されていなかったことを明らかにした。

それに続くかたちで、2011年以降に実施されてきた、独立した研究室による再現実験では、次のことが明らかになった。老化に関連した文章を読んだ人が実際にゆっくりと歩くことはないし、手を洗うことで道徳的に寛容になることもないし、人がモーセの十戒を覚えても正直になることはないし、お金の絵を一瞬見せることで利己的になることもない、ということだ(※12)。

カーネマンはのちに、「正当な理由なく小さなサンプル数で、説得力のない研究の結果」を誤って強く信じていたこと、そしてそのありそうもない強い有効性について妄信していたことを認めた。

「私がすべきことは、自分が引用した驚くような研究結果について、わき上がった興奮を抑えることでしたが、当時はそうすることが十分にできませんでした」

・その後の6年間で、再現実験がことごとく失敗するのを見て、カーネマンは考えを改めた。彼は、行動を変容させるプライミング効果の大きさは「私の著書で記したほど大きくも強くもない」とし、彼のような著者は**「みずからの主張を裏づける証拠として、説得力**

のない研究による顕著な結果を使うことには慎重になるべきだ」とも警告した。

ノーベル賞受賞者のカーネマンは、「小さなサンプルによる研究から導き出される結果を信じるのは危険が伴う」ことを述べた影響力のある論文を数十年前に書いていたのだが、彼自身がプライミング効果の有効性にだまされていたことを認めたのだ（※13）。

もしカーネマンがもっと懐疑心を持ってプライミング現象に向き合っていたら、その効果が過度に大きなものとして扱われているということに気づいたかもしれない。

たとえば、彼が引用したある研究では、教室や学校のロッカーの写真を見た人は学校に多く寄付をする傾向にあるということが書かれていた。このプライミング効果はとても大きく、学校に寄付する差が、子どもを持つ人と持たない人との差より大きいというバカげた結果だった。

同じようなロジックが、筆者が再現できなかった温かさについてのプライミング研究にも言えるのではないだろうか。もともとの論文では、温熱パックを持つことで寛大さに与える影響は、約50％も大きいとしていた。

これは慈善活動に関与する高所得者と低所得者の差よりも大きい。もしこの効果が本当なら、ＮＰＯ団体はずいぶん前から、募金活動をすべて暑い夏の日にしていたはずである。しかしそんなことをする団体はいまだかつて現れていない（※14）。

投票率を上げる「特効薬」

近年のアメリカの選挙で見られるように、接戦の選挙区で勝つためには「他の候補者から自分へと投票先を鞍替えしてほしい」と有権者を説得するよりも、すでに自分を支持している有権者に確実に投票所に来てもらったほうが効果的だ。

各政党が行う政治キャンペーンでは、候補者を支持してくれそうな有権者に実際に投票してもらうために、さまざまな方法を編み出してきた。投票率をわずかでも上げることが決定的となりうるからだ。

しかし、投票率を上げることは簡単ではない。あらゆる技術を駆使してメッセージを発信しても効果は限定的だ。

たとえば、戸別訪問を分析した複数の研究では、戸別訪問によって平均して4・3%の投票率上昇に寄与したことがわかったが、それは大雑把に言って、訪問した23人中1人を投票所に向かわせたということだ。別のメタ分析によれば、社会的圧力に訴えかけたダイレクトメールでは、投票率は2・3％上昇した。ボランティアによる電話では、投票率は2・9％上昇したが、民間のフォーンバンク（電話機を多数設置した場所）による電話では0・8％、自動化された「ロボコール」では0・1％の上昇だった（※15）。

こうした論理的で、時の試練を経たアプローチでさえ、かけた費用のわりに見返りが少ないため、「劇的な効果が見込める」と謳う他の介入方法に疑問が投げかけられるのは仕方のないことなのかもしれない。

「投票の重要性を考えるように」と促された人たちよりも、「自分が投票者であることを考えるように」と促された人たちのほうが、より投票する傾向にあるという仮説を論じた論文が2021年に発表されたのを耳にしたとき、筆者もそれをにわかには信じられなかった（※16）。

この論文の論旨はこうだ。2008年の大統領選の前にカリフォルニアで実施された実験では、「今回の選挙において〝投票者である〟ということはあなたにとってどれほど重要か」という質問に答えるよう指示された被験者は、「今回の選挙で〝投票する〟ことはあなたにとってどれほど重要か」という質問に答えるよう指示された被験者よりも、投票する傾向が13・7％高かった。

ニュージャージーの選挙で実施された有権者を対象にした別の実験では、同じく「投票者である」というプライミングをされた人のほうが、「投票する」バージョンの質問をされた人よりも投票する傾向が11・9%高かった。1つの調査項目で言葉じりをわずかに変えることが、個別に有権者を訪問して投票所に向かうよう呼びかけるよりも3倍の効果があったことになる(※17)。

もしこれが本当なら、「投票者になろう」という言葉は、人々を政治に関与させる特効薬になる。それは人々が選挙期間中に大量に見聞きするであろう「投票に行こう」というメッセージよりも、はるかに有効なものになるはずだ。

ここまで読んで、この物語の筋書きの新たな展開を期待したかもしれない。だが残念なことに、新たな展開は何もなく、筆者が予想したようなことしか起こらなかった。

2016年、同じ科学誌がより多くの被験者を対象にした研究について発表した。そこでは、ミシガン、ミズーリ、テネシーの予備選挙で、「投票すること」について質問された有権者と、「投票者であること」について質問された有権者が、ほぼ同じ割合で投票に出向いたことを明らかにしたのだ。そして重要なのは、どちらの集団も、投票とは無関係の「日用品の買い出し」について質問された人と比べて、投票率に大差がなかったのである。

言い換えれば、投票に関するどちらの質問も、被験者が投票するかどうかに影響を与えていなかったのだ。それに対して、従来からある「投票に行こう」というメッセージは投票率を2・1%上昇させ、前述の電話による呼びかけについて調査したときと同等の効果があったことがわかった(※18)。

社会心理学を専門とする研究者や、マーケティングや消費者行動、さらには「ナッジ」として知られる応用行動科学の分野を専門とする研究者は、このような言葉を扱った小さな介入がいかに有効で現実の行動や判断に影響を与えるかを研究するのが好きだ。もしそれがうまく機能するのであれば、少ないコストでメリットを得られるはずだ。

しかしそうした介入が実際にもたらす効果はごくわずかか、まったくないも同然であることがほとんどである。

別の研究領域では、2011年に、フレーズをわずかに変えるだけで大きな効果が得られるとした研究が発表された。ある人について説明するときに、銃を「撃っていた」と言うほうが、銃を「撃った」と言うよりも犯罪の志向性がはるかに高いと判断されたという。のちに12回の独立した再現実験がなされたが、その効果の違いはわずかで、しかも結果は逆だった。

わずかな言葉の変化による行動への影響は十分に立証されていないが、その理論を使う政治キャンペーンは後を絶たない。2022年のアメリカ大統領選の前にも、私たち筆者は2人とも、「有権者であること」の重要性を強調するポストカードを受け取った(※19)。**あまりにも誇大で現実にはあり得ないことを謳う宣伝文句の多くは、人種格差や学歴、校則といった、複雑な社会課題を素早く、単純化して解決しようとする。**たとえば、2011年に『サイエンス』誌に掲載された論文では、1時間、教室で、ある介入を行った結果、白人と黒人の大学生の平均点の差が79%減少したことを報告した。同様に、自己肯定化を促す軽い介入によって、白人と黒人の中学生の停学処分における人種間格差が減ったとする論文もあった(※20)。

このような活動は、そういった研究を熱心に支持する人たちから「賢明な心理介入」として説明され、ごく小さな働きかけで大きな効果を得られる、と大きな注目を浴びている。

時間や費用をかける介入よりも、短時間でしかも一度きりの教室での活動が、生徒や、学校カリキュラム、さらには組織までをも変えるというのだ。生徒の成績の低さは、何年もかけて積み重ねられた人種的、社会的、構造的不平等が合わさった結果であるが、大がかりな介入が少しも状況を改善できていないなか、「賢明な心理介入」の信奉者は、その積み重なった影響を素早く打ち消すのだと主張する。

たった一度の短い活動から大きな効果が得られたという新たな研究を読んだら、その研究の内容を、同じ課題を解決するためにさらに練られたアプローチを採用しているほかの研究の内容と比較すべきだ。

複雑な問題には、たいてい、多面的な解決策が必要となるのであり、仮にそれが解決できるものであっても、いわゆる「1つのシンプルなトリック」で解決できることはほとんどない。私たちはこの原則に矛盾する主張に対して、これ以上反論しようのない強い証拠を要求すべきなのだ（※21）。

筆者はこうした研究すべてが詐欺だとか、故意にだまそうとしていると主張しているわけではない。

確実な手順を踏んだ、透明性の高い研究であっても、誤った答えを出すときがある。しかし、**出版社やメディア、人々は、有効性の高い結果を示す研究にあまりにも簡単に引きつけられている。**

実験室で行われる、言葉を用いてプライミングする研究とは異なり、「賢明な心理介入」を行うには、比較的少ない研究者らで所有される資源やアクセスが必要となる。つまり、独立した第三者の研究者によって再現される研究はほとんどないということだ。

もし再現実験がなされてきていれば、結果はかなり印象に残らないものとなる可能性が高いだろう。そのような再現実験がなされていないかぎり、こうした実験結果からはっきりとした結論は導けないというスタンスをとるべきだ。

しかし、実際にそうすることは難しい。ごく小さな介入から大きな効果を生み出すという研究結果は広く普及し、大衆の意識にほとんど一瞬にして入り込むからである。

一方、科学的な検証には（たとえそれが実施されたとしても）、時間がかかる。大半の場合、最初に発見されたワクワクするような結果は、その後数年間にわたってさまざまな検証にさらされるのだが、それらが滅びることは滅多にない。

正確性について議論した際に述べたように、確固とした結論を下すには、私たちが考えているよりもはるかにたくさんのデータが必要となる。いくつか例を示そう。

たった17人の被験者による実験を行った2003年の研究は、FPSゲーム（1人称視点のシューティングゲーム）をすると実験室内での認知タスク処理スキルが向上したと発表した。これは『ネイチャー』誌に掲載され、3500回以上引用されている。一般的なメディアでも紹介され、TEDトークでは800万回以上再生された。しかし、ほかの研究室による独立した再現実験では、かなり小さな効果しか確認できない場合がほとんどで、選択的報告（望ましくない結果を排除し、著者にとって有利な結果のみを選択して利用すること）を正したメタ分析では効果はほとんど確認できなかった（※22）。

被験者42人に対して実施した2010年の研究では、2つの「パワー・ポーズ」〔ヒーローが取るような、体を大きく見せるポーズ〕をそれぞれ1分ずつしたグループは、そうでないグループに比べ、テストステロン（男性ホルモンの一種）が増加し、コルチゾール（副腎皮質ホルモンの一種。ストレスを受けると増える）が減少し、リスク許容度が増大し、力強さをより感じやすいとした。

この研究は『サイコロジカル・サイエンス』誌に掲載され、1400回以上引用された。パワー・ポーズに関するTEDトークは6700万回以上再生されている。その後の研究では、この研究の重要な発見であったホルモン量やリスク許容度の変化について証拠は何も得られず、もともとの研究の第一著者はその後、研究結果を否定した（※23）。

1980年代から1990年代初頭にかけて、数々の研究や科学雑誌が、現在は「グロース・マインドセット」（「自分の成長は経験や努力によって、向上できる」という考え方）として知られる「習熟志向性」が、逆境を克服するのに役立つという考えを過大に評価していた。

2006年に出版された書籍と2014年のTEDトーク（1400万人以上が視聴した）で、この概念は主流となった。心理学者のスチュアート・リッチーが述べているように、この概念の信奉者はこのグロース・マインドセットを適応することで得られる莫大な影響について主張している。たとえば、それを持つことは「基本的人権」と等しいと言い、イスラエル・パレスチナ問題でさえも解決できるとした。しかし、最近実施されたメタ分析によると、グロース・マインドセットを教え込むために短期間の介入をしても、マインドセット・ムーブメントの主な論点だった、学業成績への効果はほとんど確認できなかった（※24）。

最初の発見がニュースの見出しになり、有名な書籍やTEDトークで紹介されると、科学者がその限界を明らかにした後でもずっと、広く信じ続けられてしまう。そのため、ある研究チームによる目覚ましい結果が1つ出たからといって（もしくは複数の結果であっても）、政策を左右するのは慎重になるべきなのである。

もう完全にコントロールされている

意図的であれ、無意識であれ、何かを売り込みたい人は対象の商品やサービス、治療、政策、介入の効力や影響を誇張する。その効果や実験結果をほかの何かと比較することなしに個別に評価すると、見る人はだまされてしまう。

商品や治療で得られる効果が、現実にはあまりにもよすぎる話かどうかを判断するには、**「何と比べて効果があると言えるのか」**自問するとよい。

今売り込まれている売り物の有効性と、同じカテゴリーの別の商品の有効性とを比べてみよう。

有権者を選挙に向かわせることに関しては、言葉じりに小さな変化を加える調査による効果と、フォーンバンクや戸別訪問による勧誘など、より時間やリソースを集中した取り組みによる効果とを比較しなければならない。短時間の介入による効果の主張に関しては、より長期的な介入による既知の効果について検討したり、重要な影響をもたらしている要因を検討したりして、それがどの程度大きいかを確認する必要がある。

たとえば、「選挙に行こう」と呼びかける介入の効果について、バラク・オバマが立候補した大統領選での黒人有権者の投票率（２００8年と２０１2年の平均投票率は61・４％）と、オバマが立候補しなかった大統領選での黒人有権者の投票率（２００4年と２０１6年の平均は56・1％）の違いを比較してみよう。その差は実に5・3％だ。人は複数の選択肢を同時に見るときのほうが、選択肢を1つだけ見るときよりも物事を正確に判断できるというのは、行動決定理論研究の長い歴史で明らかになっていることだ（※25）。

さらに、もしその主張が真実なら、世界がどのように変わっていただろうと想像することも有効だ。政治家が国民に「自分自身が有権者であることの意味を考えよう」と伝えることで投票率を劇的に変えられるなら、数十年前からそうしていたのではないだろうか。

物理的な感覚や単語にほんの短時間さらされることで人の行動に大きな変化が現れるなら、お金を目当てに私たちを動かそうとする人たちは、もうすでに私たちを完全にコントロールできているのではないだろうか？

「科学」と「テクノロジー」が世界を変えるのか

新しいメディアの形やテクノロジーに接したときに生じる心の動揺は、少なくとも古代ギリシャ時代からあったとされる。書き言葉や活版印刷の開発、ロックソングの歌詞、インターネットの登場にいたるまで、社会に変化がもたらされると、文化のレベルが低下した証しだと考える人はいるし、「現代の子どもたち」が遊んだり見たり使ったりするものを、片っ端から非難する人はいる。

1950年代だと、親たちは10代の子どもにエルヴィス・プレスリーを見せないようにという注意を受けていた。彼のダンスが乱れた性関係を想起させる、という理由からだ。2000年代では、グーグルやパワーポイントが私たちを「本当のバカ」にすると言われたし、スマホやSNSは社会的孤立やうつ、自殺などの近年の問題につながると非難されている（※26）。

テクノロジーの活用やメディアの消費における変化が〝実際にもたらす〟結果を測定す

るのは、とても難しい。

社会科学者が、暴力的なゲームが実際の暴力の原因となるという世間一般でよく信じられていることを検証するために実験しようとしても、被験者が研究助手に何度暴行を加えたかを測定することに、倫理委員会は許可を出さないだろう。そのため、この分野の研究者は、簡素化された実験室での課題をもとに、攻撃的な行動とみなされるものを測定する。たとえば、ゲームの対戦相手に不快な音をより大きく長い音で聴かせようとするかどうかを測定する。そうすることで、研究者は「実験室内での攻撃」を増加させるものは、現実世界での攻撃も増加させると仮定する(※27)。

物事の尺度を理解する重要性についてはすでに述べたとおりだ。過度に精度の高い情報を伴う表現にだまされないようにするためには重要なことだ。尺度の感覚を持つことも、有効性を評価する際には必要不可欠だ。たとえば、発表された効果が、その尺度を用いて測定可能な最大値の効果よりも大きいかどうかを確認することができる。

ジョー・ヒルガードは、このロジックを応用して、テレビゲームが暴力性に与える影響について注目を集めていた2013年の研究を批判した。

この研究の要旨はこうだ。被験者は2群に分けられ、一方は暴力的なゲームを、もう一方は暴力的でないゲームを3日間連続で毎日1時間プレイする。次に、ゲームの物語上、次に何が起こるかを予想するように指示され、またゲームの対戦相手に不快な音を聞かせる機会を与えられる。暴力的なゲームをプレイしたプレイヤーは暴力的な展開を予想し、対戦相手に大きな音を聞かせた。ヒルガードはこの研究結果は疑わしいと考えた。「3日間、暴力的なゲームを1時間することで、暴力的な思考や行動につながるという劇的な変化が起こるなら、友人や学生が暴力的なゲームを新しく買うたびに、私たちはその変化に気づくはずです」

警察も警告するだろうし、新作のゲームが発売されてから数日間は、みなゲームプレイヤーに近づかないようにしたはずだ（※28）。

私たちは、科学には人類に大きな恩恵をもたらす治療法や介入法、ツールを発見する力があると信じている。実際、過去には何度もそうした発見があった。だが活字や核エネルギー、インターネットなどの重大な発見は、1世代に一度程度しか起こらない稀な出来事なのだ。

結論

それでも、賢く、したたかに生きる

誰もがみな、だまされる可能性がある。それも、私たちが認識している以上に多くの手口で、認めたくはないほど多くの回数、だまされる可能性がある。本書を通じて、私たちが簡単にだまされてしまういくつかの認知パターン――詐欺師が搾取する思考のハビットと、信じるべきでない物事を信じさせるようにするフック――について説明した。まずは認めて後から確認するという、人間が生まれつき持つ性質は、だまされるときの前提条件となる。

だが、適切なタイミングで自問することを習慣づければ、だまされるリスクを抑えられる。ただし、積極的に自問する人もいればそうでない人もいる。疑い深い人もいれば、人を信じやすい人もいる。投資家がみなマドフやセラノス、インチキ暗号資産にだまされるわけではないし、美術品収集家がみなノードラーの偽物を買ったわけでもない。みながみな、会社のCEOになりすました誰かから送金を指示する電話を受け取るわけでもない。

詐欺に関する分析のまとめとして、次の3つの重要な問いを掲げたい。

被害者になる可能性がもっとも高いのは、どのような人だろうか？

自分が標的になったとき、どうすれば気づくことができるだろうか？

そして、だまされないようにするために、どのくらい自衛すればいいだろうか？

深遠さを装ったデタラメ

人間同士のコミュニケーションを成り立たせるためには、真実バイアスだけではなく、「相手の話していることは本当だ」という一般的な前提をそれぞれが持っていなければならない。

この社会的な取り決めの力がいかに強いかは、デタラメと言うにふさわしい宣伝文句に私たちがときどきだまされてしまうことを考えれば説明がつく。

哲学者のハリー・フランクファートは、この「デタラメ」について、真実味はないがもっともらしく、人を引きつける内容のこと、と定義している。デタラメな物事にとっては、それが真実なのか嘘なのかはどうでもいい。フランクファートがまさに説明しているとおりだ。

「デタラメな議論をする人は、私たちをだまさないかもしれないし、また事実や、事実に関する自分の見解について、私たちをだますつもりさえないかもしれません。そうした人が私たちをだまそうとするのは、何らかの企てがあるからです。（中略）自分が発する言葉の真偽のほどは、彼にとっては二の次なのです」

フランクファートは、デタラメはみごとなまでに巧みに広がっていく、と言う。現実と一致させなければならないという制限からひとたび解放されると、デタラメはより広範に広がり、人をもて遊ぶようになるからだ（※1）。

とくに人を引きつける「デタラメ」というのが、心理学者のゴードン・ペニークックの研究チームが名づけた**「深遠さを装ったデタラメ」**だ。冗長で手の込んだ言葉で表現されているのが特徴で、あいまいなために広く科学や精神世界、教養を連想させるが、実際の科学や論理にはもとづいていない。

ペニークックは、深遠さを装ったデタラメを事実だと思い込みやすい人がいるのだろうかと考えた。2015年の研究で、研究チームは「デタラメ受容の測定器」を発明した。ニューエイジ〔精神世界や自然を重視する、20世紀後半に台頭した思想潮流〕を代表する作家であるディーパック・チョプラのツイートから言葉を抽出し、ランダムに再配列して文法的には正しいもののデタラメな文章をつくるウェブサイトを活用した装置だった。このような、一見するとチョプラらしい文章――たとえば、「隠れた意味が今までに類を見ない抽象的な美を一変させる」とか、「全体が無限の事象を鎮める」というようなもの――は、チョプラが実際にツイートした文章のいくつかと非常によく似ており、ウェブサイトでランダムに生成された文章と実際のツイートの文章をうまく判別できない被験者もいた（※2）。

ペニークックの研究では、何か物事を決めるときに直感を信じる人と、認識推論テストで成績の悪かった人は、チョプラの言葉に見せかけたものが深遠だと結論づける傾向にあることがわかった。つまり、そういう人たちがデタラメにだまされやすい人だということになる。

被験者全体で見れば、チョプラの実際のツイートのほうがランダムに生成されたものよりもいくらか深遠であるという評価が下されたが、チョプラの実際のツイートと見せかけのチョプラニズムの両方が深遠であるとした人は、いずれも同じような特性を持っていたことがわかった。

つまり、**直感に頼り、分析的な思考法に長けていない人ほど、無意味で真実にも嘘にもならない文章に感動する傾向にある**ということだ。自分には他人の本質を本能的に見抜く目があり、直感だけを頼りに素早く確信をもって決断できると自負する成功者を、私たちは数多く知っているが、そのような人はよりだまされやすいと言える。

これは、デタラメの問題の核心だ。**デタラメがまかりとおるのは、それが真実とは関係なく、ゆえに真実かどうかを評価することが難しいから**だ。表現があまりにあいまいなために「間違いではない」と判断される宣伝文句があるのと同じで、デタラメは嘘とは言いきれない。

本書の「はじめに」で提案した、真実バイアスを見抜く問い――「これは本当だろうか？」――を自分自身に問いかけたとき、それが真実か偽りかをはっきりとさせる具体的な証拠となるものが見つけられなければ、あなたが今向き合っているのはデタラメかもしれない。

もしこういう状況に出くわしたら、**「これは誤りと言えるだろうか？」**と問うてみよう。抽象的で使い古された決まり文句や複雑な言葉をシンプルで具体的な言葉に置き換え、あいまいな表現を簡単に理解できるものへと変換してみよう。

たとえば、「全体が無限の事象を鎮める」という言葉を検証するために、無限の事象を想像してみる。数字が循環することなく永遠に続いていく、π《パイ》などの無理数などが考えられるかもしれない。そして、「全体」という言葉がそれに当てはめられるかどうかを考える。もし当てはめられるとしたら、πがうるさくて、それをなだめる具体的な力は存在するだろうか、と考えよう。真理値〔命題論理などの命題の真偽を示す値〕に当てはまる具体的な説明が思い浮かばなければ、それはデタラメである可能性が高い。

専門家がやっていること

専門家は、少なくとも彼らの専門領域においては、デタラメの優れた発見器だ。報告されたものを無批判で受け入れることに対して、最大の努力を払って反論する。ルパート・マレーが2005年に制作したドキュメンタリー映画『知られざる白人男（Unknown White Male）』はこのことを鮮明に突きつける好例だ。

2003年7月3日、写真家であり学生のダグ・ブルースは、自分がニューヨークの地下鉄に乗ってコニーアイランドに向かっていることに気づく。彼は頭を強く打っていて、ずきずきとした痛みを感じていたが、ここまでどうやって来たのか記憶がなく、昨晩より前の出来事を何も覚えていなかった。

そしてダグは、自分が今いる場所も、自分が何者かも、まったくわからないことに気づいた。持っていたリュックサックを開け、何か自分のアイデンティティを示すものはないか探してみたものの、何も見つからず、警察署に助けを求めた。そこから病院に連れていかれ、逆行性健忘症と診断された。過去の記憶を忘れてしまう病気だ。持っていた紙切れに書いてある番号に電話をかけてみると、数週間前に出会った女性が病院に来て、彼をマンハッタンにある彼のアパートに連れて帰ってくれた。

マレーの映画には、ダグがアイデンティティや過去の記憶だけでなく、雪や波といったシンプルな知覚経験の記憶を取り戻そうとする様子が記録されている。彼はスペインにいる家族や、ロンドンにいる友人、そして以前住んでいたパリの家を訪れた。作中、彼の記憶喪失や、症状の治療法について明確な説明はなされなかったが、彼は写真学校への通学を再開し、あるファッションモデルとつき合いはじめ、それほどひねくれることもなく、子どもじみた自分の将来の展望と、(まったく新しい)不可思議な出来事のすべてに順応していった。

『知られざる白人男』は、カメラのアングルや音響、時間の経過、視覚効果を駆使した、印象的な表現方法で構成され、観客はダグの混乱や困惑を追体験できる。私たちがこの映画を心理学の授業で見せると、学生の大多数がダグの記憶喪失は本物だと確信する。ダグが記憶喪失を発症する前後で出会う、映画の登場人物もそう感じていた。そう思うのも無理はないだろう。私たちが実施した研究でも、75%の一般市民が、記憶喪失にはアイデンティティの忘却も含まれると信じていることがわかったからだ(※3)。

しかし、記憶や神経科学の専門家はたいてい、ダグの物語が真実だとは認めない。このような記憶障害はほとんど起こりえないと知っているからだ。過去の記憶をなくしたり、自分自身のアイデンティティを喪失したりといったまれな症例がある場合には、物理的な脳の損傷が容易に見つけられ、自分自身に関して知っていることはすぐに思い出せることが多い。

技能や事実が喪失されることはほとんどない。交通事故に遭った運転手は、直前の時刻や日付は思い出せないかもしれないが、記憶というのは、つくられる時期が早ければ早いほど忘れにくいということがわかっている。

実際の記憶喪失の事例で回復が遅れる能力（まったく回復不可能な場合もある）は、物事を〝新たに記憶する〟能力だ。しかし、ダグは苦労することなく新しいことを覚えていった。記憶に追加したい過去の要素や、もう忘れてもいいと思う過去の要素を取捨選択する彼の能力は、映画の物語で感情を揺さぶる重要なポイントでもある。

「あなたに2億ユーロの投資をします」

ひとたび詐欺師が世間の目にさらされ、その手口が分析されると、だまされやすく無知な人だけがその手に引っかかったように見えることが多い。

専門知識を身につけることで身を守れるのならば、詐欺師たちは標的となるべき人物をどのように見抜くのだろうか。

熟練した詐欺師は特定の個人やグループに狙いを定めているのかもしれないが、多くの場合、詐欺師は被害者自身がみずからその標的になってくれることを当てにしている。

インターネットを長く使っている人なら、「ナイジェリアの王子」からメールを受け取ったことがあるのではないだろうか。それは初めに「私があなたに声をかけたのは、偶然ではありません」というようなもったいぶったメッセージで引きつけて、もし少額のお金を送金してくれるなら、あなたの銀行口座に大金を支払うと持ちかける。

2006年、『ニューヨーカー』誌に、マサチューセッツ在住の50代の心理セラピストについての記事が掲載された。彼はアフリカの「キャプテン・ジョシュア・ムボテ」という人物から、失った5500万ドルの財産を取り戻すのを手伝うよう頼まれた。その後1年半にわたり、彼は8万ドルを失うはめになった。それだけではなく、詐欺師が不渡り小切手を換金して資金の一部を送金していたために、彼はその後、銀行詐欺などの罪で米国刑務所に2年間収監されてしまった。

この哀れな人物は、聡明で善意のあふれる人だとは思うが、そんな人でも詐欺師にどっぷりとはまってしまった。だが、彼が2000年代で唯一の被害者だったわけではない。オランダの調査会社ウルトラスキャンによれば、前金詐欺のうち、ナイジェリアの王子は一例にすぎず、2009年だけで総額93億ドルの被害があったという(※4)。

敏腕の政治家、ウィンストン・チャーチルが「いい危機は無駄にするな」と言ったように、前金詐欺はせっかくのチャンスを無駄にすることはない。

ロシアによるウクライナ侵攻から1カ月たった2022年3月24日、筆者のシモンズは「ビジネスの課題」というなにやら魅惑的な件名のメールを受け取った。

句読点が変なところについたひどい英語で書かれていて、「バフレン・シャニ」と称する者が「〝説得力のあるビジネスプロジェクト〟を提案してくれるなら、ロシアの富豪を代表して最大2億ユーロを投資する」と言うのだ。

シモンズは、「詐欺の被害者にならない方法について書いた著書をＰＲするパートナーシップ」という提案をしようかと一瞬考えたが、返事をしなかった。

その投資を受ける前のどこかの時点で、いくらか少額の金銭をこのような金持ちに支払って助けてくれないか、と頼まれるに違いないと思ったからだ。彼らのような海外ファンドはすべて経済制裁によって凍結されているために、このような理由をつけるのだろう。だが、どういうわけか、２億ユーロの「投資」は可能だというのである。

フィッシング詐欺の多くはもっともらしい要求と見せかけるためにうわべを装おうとするが、このような「唐突な」メールは売込みとしては明らかにバカげている。これは一見、逆効果となりそうに思えるが、このことについては、情報セキュリティ研究者のコーマック・ハーレーが２０１２年に発表した「なぜナイジェリアの詐欺師は自分自身をナイジェリア人だと言うのか？」と題した論文で明らかにされている（※５）。

ハーレーの説明によると、**あからさまなことこそがポイント**だという。詐欺師にとって、世界中にスパムをまき散らすことは実質的にタダであるが、被害者を引きつけるために必要なフォローアップには莫大なコストがかかる。

「キャプテン・ムボテ」の背後にいる人々は、電信為替で金を受け取るまでに、６カ月かけて資金源を追跡しているのだ。最初に「これは有名なナイジェリア人の詐欺と同様の、バカげたスパムです」と宣言することで、詐欺師は疑い深い人をふるい分けてはじき出し、**もっともだまされやすいグループを自動的に選別して、1対1のやりとりに持ち込む**のである。

皮肉なことに、このメールを受け取った人々の多くがこれはスパムメールだとわかったとしても、そのほうが詐欺師にとっては好都合なのだ。**そうしたメールに返信してしまう人々こそが、だまされやすく最終的にお金を送ってしまうグループ**だからだ。

あなたがこういうメールが詐欺だとすぐに気づくタイプの人間であれば、「キャプテン・ムボテ」は彼の貴重な時間を無駄にすることなく、簡単にあきらめてくれる。

催眠術にかかりやすい人

メンタリストやマジシャンといったパフォーマーは、**一番都合のいいボランティアを仲間に引き入れる**ために、よく同じような選択のプロセスを取る。どんな催眠術師も、人を信じさせるテクニックに影響されない観客を舞台に招き入れようとは思わない。そのため、パフォーマーはわかりやすいフィルターをつくるというお決まりの手順からショーを始めることが多い。

たとえば、観客全員に向かって、「目を閉じ、両腕を体の前に上げてください」と指示して短い瞑想に没入させる。そして、「ヘリウムで膨らんだ風船があなたの左の人差し指に結ばれていて、右手にはレンガをひとつ持っていると想像しましょう」などと言う。そうやって観客は誘導され、想像を膨らませる。数分たつと、観客の中でもとくに素直な人が、左手を空に向かって伸ばし、右手を地面に向かって垂らし始める。この人たちがもっとも催眠術をかけやすい人だとみなせるため、彼らがステージに招かれる。そして、催眠術師は自分の言うとおりに行動する人が見つかるまで、その選択プロセスをくり返す。

表面上は疑わしく見えるビジネスモデルであっても、巧みな選択の戦術を取り入れることでうまく機能することがある。

ある「セミナー」に参加するために、無料のディナーに招待されるも、実際は財務管理者向けの営業トークだったとか、不動産投資の講義だった、という経験はないだろうか？共有財産の購入に関する営業トークを聞いてくれるなら無料の旅行に招待する、と言われたことはないだろうか？

このような誘い文句にはじめから返事をしてしまう人は、自分は強引な押し売りには負けやすい人間だと言っているようなものだ。

自動車の保証期間の延長（延長保証が経済的な意味を持つことはほとんどない）について話す自動音声通話や、あなたの家を現金ですぐに買う（市場に出して最高値で売ることだってできるのになぜしないのだろう？）といった話も同じ理屈だ。

過激なグループは、同じような選択プロセスに沿って信じやすい人を集めることで、コミュニティや社会運動だったものからカルト集団へと変わりうる。キリスト教系ラジオのパーソナリティであり伝道師のハロルド・キャンピングは、2011年に世界が滅亡すると予言したことで有名だが、信者たちは、彼が世界滅亡について突然話し出したとしても、携挙〔イエスの再臨によって信者が天に引き上げられること〕が目前に迫っていると信じただろうか？

実際には、信者たちはすでにキャンピングの言うことを信じて疑わない状態になっていたはずだ。だからこそ、キャンピングがどれほど荒唐無稽なことを言っていてもそれを鵜呑みにし、この世の地獄が始まるとされる明確な日時の特定までしようとしたのだ。

漫画『ドゥーンズベリー』に、大学教授が、授業でどんなにデタラメなことを言っても、学生たちが疑問を抱くこともなくそれをノートに書き写すことに気づいて失望する、というエピソードがある。教師ならそれを笑い飛ばすだろうが、カルト教団の指導者は、これをお手本にしようと思うかもしれない（※6）。

ネットワークビジネスを運営する会社ネクセウム（NXIVM）の創始者に、キース・ラニエールという人物がいる。ネクセウムは、自己啓発セミナーを運営する会社とされるが、女性を誘い出して奴隷関係にさせ、女性たちの身体に特別なマークの焼き印をつけたことでその悪名をとどろかせた。彼は自身について世界でもっとも賢い人間だと主張していて、進んで彼に従おうとする人はみな、すでに彼に対し畏敬の念を持っていた。

もしあなたが長期にわたって、ある政治家や識者を支持したり、思想的指導者と自称する人の意見に賛同し続けていたりするのなら、一度立ちどまって自問することをお勧めする。彼らは故意に、過激な思想やバカげた結論に人を導こうとしてはいないだろうか。もしそうだとしたら、彼らのワナにはまる前に、そこから抜け出す必要がある。

詐欺師がもっとも嫌がる対抗策

インターネット詐欺を減らすための取り組みのほとんどは、インターネットユーザーを教育するか、アルゴリズムを駆使して詐欺メールを選別し、詐欺師に返答してしまう人の数を減らすかのどちらかである。しかし、どうしてもそうした対策をすり抜ける詐欺攻撃もあり、インターネットに不慣れな人がその犠牲になってしまうことがある。

詐欺師の視点からナイジェリア人の詐欺について見るとすれば、ハーレーの分析を応用した方法が効果的な対抗措置となるだろう。それは、**詐欺メールに返信する人の数は増やすものの、けっして送金はせず、詐欺師に非生産的なやり取りをさせて無駄な時間を費やさせ、その結果彼らの利益をそぐ**というものだ。

このような「詐欺にかみつく人」は、実は以前から存在している。「419 Eater」というウェブサイトがそうだ。これは、詐欺を取り締まるナイジェリアの法律に由来したもので、詐欺から逃れるヒントや支援を提供している。コメディアンが詐欺師とやり取りをして、具体的な事例を収集したという。「詐欺にかみつく人」が増えれば増えるほど、詐欺師が1つのやり取り当たりに得られる平均報酬は少なくなり、詐欺を続けようという意思がそがれる（※7）。

私たちが危ない状況に追い込まれたとき、思い出さなければならないのは、詐欺師は私たちと見ている世界が違うということであり、私たちが目指すこととは違う目的を持って行動しているということだ。

たいていの人は自分が見えている情報に注意を向けがちで、見えない情報には注意が向きにくいが、詐欺師は〝あらゆる〟情報を握っている。そのため、提案された内容がどれだけ魅力的に見えても、一呼吸置いて、次の3つの質問を自分自身に問いかけるべきだ。そうすれば選択による詐欺を回避できる。

第一に、**「なぜ私なのだろう？」**と問いかけよう。

彼らは本当にあなただけに絞ってその説得を試みているのか、それとも彼らの利益となる人を探すための無数の試みにあなたが飲み込まれているだけなのか。

第二に、**「私がしていることは何だろう？」**と問いかけよう。

自分が取る行いや判断が相手の目的ではなく、〝あなたの〟目的にかなっているかどうか、考えよう。彼らがあなたにしてほしいことは、あなたが今まさにすべきことだろうか、と問いかけるのだ。

第三に、**「私はどのようにここまで来たのだろう？」**と問いかけよう。

詐欺によくある手口となる状況や場所に自分自身がいるかどうか、確認しよう。もし詐欺師がたいした苦労もせずあなたを含む大勢の人に近づいていたり、もしくは周囲の環境が詐欺師の温床となっていたりしたら、用心する必要がある。

たとえば、クルーズ船に乗っていて、「希少な芸術の傑作！」と看板に掲げる店が目に入ったとしよう。ショーウィンドウをちらりと覗くと、ピカソやダリといった有名な画家の「ジークレー印刷」〔インクジェットプリンターで印刷された版画作品〕の限定版が売りに出されている。

自分の家の壁にこんなすごい作品を飾れたら！　そうした考えがよぎるかもしれない。そこで作品を買う前に思い出すべきことは、芸術作品への投資はあなたがこの大きな船に乗る理由ではなかった、ということだ。

傑作というのは、ふつうはオークションや金持ち相手のギャラリーで売られるもので、クルーズ船で売られるものではない。大きな看板を見る無数の人々の中から数少ない犠牲者を選ぶことで金儲けをする詐欺が存在する。みなさんはもう、人がどのようにそうした詐欺にだまされてしまうか、よく理解しているはずだ。そのオファーが適正でないと感じたら、それがあやしいと思う具体的な理由について考え、その店を通り過ぎよう。大きなチャンスを逃した、と悔やむことなどない（※8）。

もし、新しい暗号通貨取引についての広告がメールの受信箱に入っている、あるいはSNSのタイムライン上に流れてきたら、それは特別にあなただけを狙ったものなのか、ほかの多数の人も同じものを受け取っているのか、と考えよう。

次に、その広告の誘導に沿っていくと、何をすることになるのか、想像しよう。年齢や財務状況を聞かれたら、そのような高リスクの資産運用にお金を入れることが果たして理にかなっているのか、考えなければならない。

最後に、このような種類の投資を持ちかけるのに、こうした投資が適切なのかどうかと自問しよう。なぜ〝ここに〟、それもまったく新しい会社に投資するのか。さらには、定評があり信用のおける金融会社ではなく、なぜこの会社なのか、と考えるのだ。

暗号通貨市場が2022年に大暴落をし、飛ぶ鳥を落とす勢いだった会社が顧客の資産とともに消え去ったが、このように簡単な思考プロセスをたどっていれば、普通の投資家であれば大金を失わずにすんだはずだ。

SNSで「あなたが最初に飼ったペットの名前と育った街の通り名とを組み合わせると、あなたにふさわしいAV女優の名前になる」と伝えるクイズをたまたま発見したとする。

なんだかおもしろそうだ。しかし、そのクイズの答えを投稿しようとする前に、なぜその情報を公開ページに載せるように誘導されているのだろう、と問うべきだ。

クイズから得られるユーザーの情報が、ある組織によってかき集められているとしたら、あなたはその活動に加担しているかもしれないのだ。この場合、あなたは彼らに「パスワードを復元する際の質問」としてもっとも多いものの答えを2つ、提供したことになる。

詐欺にだまされないようにするもう1つの方法は、「大失敗の監視者」を演じることだ。チェスのプレイヤーは、考えられる手やその対抗手をいくつも検討し、もっとも明らかな間違いを見落とさないという一心で、戦略や戦術を深く考える。コーチは、考えを巡らせた最後に一呼吸おいて、ボードを一瞥《いちべつ》し、「簡単な間違いをしていないだろうか？」と問うように助言する。こうすることで、大失敗のいくつかは防げる。

決断科学の研究者であるゲイリー・クラインは、「プレモーテム」と名づけた同様のプロセスを提案する。そのプロセスとは、プロジェクトを始める前や、取引に同意する前、あるいは大きな投資をする前に、「ひどい失敗に終わるとしたら、もっとも大きな原因（もしくは複数の大きな原因）として考えられるものは何だろうか」と問うものだ。取引がうまくいかなかった後に、あなたが気づくであろう詐欺のサインは何かを想像し、取引を実行する前にそのサインを探すのである（※9）。

大失敗の監視者を演じることや、プレモーテムを自分の行動にも取り入れることは、対象に夢中になっていて、第三者としての客観性を見失っているときには難しい。そのため、誰か別の人に第三者として監視してもらえるかどうか、検討してみよう。

本番に入る前に「レッドチーム」（セキュリティ態勢や対策の有効性を検証する目的で設置される、独立したチーム）が重大な間違いを見つけるように、無関係な第三者によって、本人が重要視していなかったものや、思いもよらなかった懸念点や疑問点が見つけ出されることがある。

「どこまで許すか」考える

筆者のチャブリスは、最近、スーパーで買い物をしたとき、8ドルの使い捨て電動歯ブラシ2本セットの延長保証について打診された。チャブリスも店員も顔を見合わせて笑った。もう、小さな電気製品に延長保証をかけてもよい取引にはならないことは、ほとんどの人がわかりきっている。

詐欺を防止する際も、同じように考えなければならない。**だまされていないことを確認するためのコストと、だまされたときに負う苦しみは、適切にバランスが取れているだろうか、**ということだ。

多くの大企業は、くだらない訴訟にかかる想定コストを予算に組み込んでいる。そうした訴訟は不運ではあるが、ビジネスをやるうえでは必要不可欠だと考えているのだ。それは、いつか自分たちはだまされてしまうかもしれない、と認めることになる。内心は気に食わないだろうが、財務的な視点で見れば賢明な判断だ。

同様の発想に立てば、どんな万引きも未然に防ぎたいと考える店は、すべての在庫を倉庫に閉じ込めなければならないと思うかもしれない。しかし、そういうやり方だと多くの客足を遠ざけることになる。結果的に、万引きされるよりも大きな利益を失うことになってしまうだろう。

小さな不安をなくすことと、たまにはだまされそうになるものだと認めることが、金銭的利害と心の平穏のどちらにとっても望ましいかどうか、考えるべきだ。

レジ係が間違えて、値引き価格でレジを打たなかった、ということは起こりえるだろうか？　もちろん、そういうこともあるだろう。しかし、買い物をする際に毎回レシートの項目すべてを確認し、1円の誤りもないと確認することに価値があるだろうか？　おそらくそうではないはずだ。

確認作業にかかるコストと利益のバランスが適切に取れていない組織は多い。詐欺抑止にかけるコストに価値があるかどうかを判断する際に、損得の計算をしないからだ。

詐欺を防ぐための営業方針の策定やコンプライアンスの強化に、詐欺じたいで失うコスト以上に多くの資金が費やされることもある。

違法行為の抑止や削減のために新たな規則をつくる人間が、対策を講じたように見せて報酬を得ることが多いが、それは企業が負担するコストとしてはほんの一部であり、企業がそうした方針を遵守するために必要となるコストや労力はそれ以上に大きな負担となってのしかかる。

元イリノイ州知事のロッド・ブラゴジェビッチは、バラク・オバマの大統領選出後、新しい上院議員の任命権から利益を得ようとした罪で有罪判決を受けたのだが、それよりずっと前に、イリノイ州公務員倫理法に署名していた。この法律は、およそ17万5000人の州職員や被任命者に対し、毎年1営業時間を使ったオンラインによる倫理研修受講を義務づけるものだ。

研修内容は、採用や調達に関する規則や、公務員就業後はただちに政府へのロビイングが制限されること、さらにはタイムカードのごまかしにまで及んだ。倫理教育は現実的な取り組みのように思える。

毎年1回、誠実な公務員のあり方を思い出すことに反発する人などいないだろう。しかし、この研修は、その時間があれば得られたであろう生産性に換算しただけでも毎年数百万ドルを失うことになる。

だがそれだけではなく、その研修の開発と実施に係るコストや、それを修了するようリマインドすること、規則に従わなかった場合の取り締まりにかかるコストを含めると、さらに費用がかさんでいる計算になる(※10)。

強制的に倫理研修を受講させることに経済的なメリットはあるのだろうか。これを判断するためには、検討しなければならないことがいくつかある。

第一に、従業員を教育することで、故意ではない不正行為を防げるのだろうか、という点だ。もしそれができるなら、その不正行為のコストはどれぐらいだろうか?

第二に、その研修は故意による不正行為をすべて排除できるのだろうか、という点だ。たとえば、上院議員の席を売るために賄賂を要求するような人は、1時間の研修で売り主からの贈答品の種類による授受の可否について学んだあとに、そうした行為をしなくなるといえるのだろうか？

第三に、全職員が倫理研修を修了していると声高に示すことで、州には経済的な利益やそれ以外の恩恵がもたらされるのだろうか、ということだ。最後に、研修に費やした費用が監査や調査などの別のことに使われていれば、毎年実施される研修よりもごまかしを防げただろうか、という視点である。

過去にこうした疑問が投げかけられていたかはわからないが、仮にあったとしても、私たちが知るかぎり、その回答は現時点で公開されていない。だが、こうした質問を投げて回答を得るという方法を採らずに、倫理違反についての強制的な研修の是非を判断することはできないだろうか？（※11）

「たまにだまされる」人生を楽しむ

本書の前半で、信頼とは思い込みの一形態だと述べた。

「特定の人や集団がつねに真実を伝えたり、自分の関心に沿うように行動したりするはずだ」という、しつこいぐらいに頭の中に居座っている前提だ。信用とは、親交などの社会的な利害関係によって高まったり増したりする前提のことだと言える。

産業や社会、コミュニティによって、信用の平均レベルは異なる。ときに、信用が高すぎるときもある。

心理科学では、約10年前までそうだった。その結果、誤解を招き、再現不可能で、立証できず、ときには詐欺まがいの主張をするような研究があまりにも多く現れることになった。

信用のレベルが極端に低い場合もある。そのような社会では、取引がすべて現金で行われ、人々がお金の貸し借りをしなくなるだろう。そういう社会では、詐欺まがいのことは少ないかもしれないが、商業活動はほとんどなく、成長や進歩も望めないだろう。私たちは、だまそうとする人にとって有利にはたらく機会を最小限にしつつ、信用を基盤として人々が不便をほとんど感じることなく交流ができるように、うまくバランスを取る必要がある。

本書の中で、さまざまな立場や分野の人による詐欺や不正行為について見てきた。だまされそうな場面や状況が、以前よりも多くわかるようになったのではないだろうか。

しかし、本書では詐欺の世界にずっと浸っていたために、少なくとも今のところ、人間の非典型的な行動や経験ばかり見てきた、ということも認識している。人は、自分がこれまでに得た多くの経験や見聞をもとに、何が共通事項で何が珍しいものか、という基準を設定し、そこから予想を立てる。

たとえば、毎年、サメの襲撃についてのニュースを何度も耳にするが、だからといってそれがありふれた事件であるというわけではない。

本書も終わりに近づいてきたところで、みなさんは「だまされるリスク」が気になりはじめているのではないか。しかし幸運にも、多くの人はポンジ・スキームの詐欺師や、芸術品の贋作者に日常的に出会うことはない。**つねになんらかの詐欺に遭うリスクはあるものの、長期間だまされることや大規模な詐欺に遭うことはまれ**である。そして社会でのやり取りのほとんどは、誠実な人との間で行われる。不正行為をされたとしても、その影響は小さいことが多い。

本書では大規模な詐欺について詳しく見てきたが、それはそうした詐欺が一般的だからではなく、ありふれた日常において人がだまされる認知メカニズムをわかりやすく解説できるからである。

悪名高い詐欺師がどのように私たちのハビットやフックにつけ込むかを理解することで、

いつか〝遭いそうな〟詐欺を見抜くための準備ができるようになる。

本書で紹介したアイデアや物語を読むことで、読者のみなさんが「中間ぐらいの」詐欺に気づき、その対策に専念できるようになれば幸いだ。そうした詐欺はかなり深刻なレベルで広く蔓延している。研究者である私たちにとっては、このような詐欺はデータを蓄積するうえでの科学的協力者といえるかもしれない。

零細企業の経営者にとってみれば、資金を横領する従業員がそうかもしれない。アートの傑作やデザイナーが手がけた洋服、骨董品を買おうと思うなら、それが本物かどうか、じっくり考えるべきだ。誰もが偽の広告やフェイクニュース、政治的な嘘にだまされうるのだから。

詐欺の結末が重大な事案につながりそうなとき、それを深く調査することも大事だが、詐欺師の心理でそれを考えてみることも同じように重要だ。もし人を食い物にして大きな利益を得ようとする人がいるなら、彼らはあらゆる手を尽くして自分たちが信頼に足る人物だと説得しているのではないだろうか。

数百万ドルの贋作を故意に売ろうとする人は、時間やお金、そしてその出どころを偽る努力を費やせるだけの動機があるということだ。しかしクルーズ船でジークレー印刷を売ろうとする人は、長期的な努力をする必要はない。よく確認もせず買おうとするような人を見つけ出すことに注力すれば元が取れるからだ。

うまくリスクを見定めることで、プライベートでも仕事の場でも、もっとも効果のある方法で事前に対策を講じ、詐欺から身を守ることができる。モルガン・スタンレーやフィデリティ、バンガードのような大企業と組んで投資する際は、老後の蓄えを持ち去られないかどうか、多くの時間やエネルギーを注いで確認する必要はおそらくない。

しかし、暗号通貨のように新しく、法整備がなされていない市場では、用心深く確認する必要がある。数学やコンピューターサイエンスを熟知するブロックチェーンの専門家でないかぎり、暗号通貨に投資しようというときは、自分は親近性のフックにはまっていて、群れについていけば金持ちになれるという期待を膨らませている可能性が高い。

もし暗号通貨市場が（ふたたび）崩壊するとしたら、後悔するだろうか？　崩壊などしないと言い切れる確固とした証拠があるだろうか？　自分が投資した会社が、規制されていない金融セクターに存在するポンジ・スキームのようなあからさまな詐欺だと判明したら、どうするだろうか？

投資を管理するために小さな企業や資産運用会社を買収するというようなよくある対処法を取っていたとしても、その投資の実態を徹底的に監視すること、そして、たとえしばらくそれでうまく行っていたとしても、折を見て確認し続けることはまっとうな対応だ。同じ理屈は私たちの人生のさまざまな場面で当てはまる。

本書で最初に扱った認知のハビット「集中」でも同じことを議論した。詐欺のパターンと、詐欺に引っかかってしまう脆弱性について、歴史が証明した数々の事例をもとに紹介した。だが、まったく見破られていない詐欺については、まだなんの情報もない。本書の事例よりも精巧な詐欺もあるだろうし、そうした詐欺が今も人々をだましていることもあるだろう。また、目立たないように振る舞って、人に気づかれる前に逃げ去ってしまった詐欺もあるだろう。

どの分野でも、実際どのくらいの数の詐欺があるかを把握することは不可能だ。成功した、つまり誰にも見抜かれなかった詐欺を発見することなどできないからだ。

見破られていない詐欺が、本書で取り上げた詐欺の事例と大きく異なるかどうかは、わからない。詐欺師はつねに、新しい方法を編み出しては私たちをだましにかかっている。それに、発見されていない詐欺や、これから考案される詐欺もあるだろう。けれども、**どんなに新しい詐欺であっても、本書で議論してきた原則にもとづいて詐欺が行われる可能性は高い。**こうした認知能力に見られる傾向は、この世界を効率的かつ効果的に生きていくために必要な特性だからだ。

本書の冒頭に、次の引用を掲載した。

「誰でも、たまには何かにだまされる」

私たちは誰でもだまされてしまうという点で、ジェームズ・マティスが言ったことは事実だ。適切な状況で適切に不正行為がなされれば、誰でも簡単にだまされる。本書で解明しようとしたのは、彼の言葉にある「たまには」という部分だ。

だまされることを容認することと、よく考えて確認することのバランスを見極めるのは簡単ではない。**簡単にはだまされないようにするというのは、〝すべての〟詐欺をなくすことではない**。いつ、そういう状況が起こりうるかを認識し、またそれが大きな問題になる場合にそれを回避する、ということだ。

いつもどおりの日常を過ごすなかで、本書で紹介したアイデアを心に留めていただき、「破滅的にだまされてしまう」という最悪の結果が防げれば、幸いだ。

しかし「こんなに姑息な詐欺があふれている世界なんて、楽しめない」などとは考えないでほしい。それこそ、愚かな結末というものだ。

謝辞

私たちがこのテーマで本を書くことを考え始めたのは、10年ほど前のことだ。それ以来、無数のアイデアや事例を集めてきた。ただしそのほとんどは、エージェントのジム・レヴィーンにダメ出しをされ、何件かの本の企画書と一緒に、ノートやファイルの引き出しの中に放り込まれた。

ジムの見識や導きがなければ、本書は書けなかった。私たちが自分自身をだまさないようにするのを助けてくれたジムに、心からの感謝を。また、レヴィン・グリーンバーグ・ロスタン・リテラリー・エージェンシーの他のチーム、特に版権の国際的な販売を全面的に担当してくれたマイケル・ナルドゥーロにも感謝したい。

ベーシック・ブックスでこのプロジェクトを担当し、私たちが目標とする本をつくるために、構成や原稿整理で支援してくれた編集者のT・J・ケレハーと出版社のララ・ハイマートにも感謝したい。草稿を2度編集し、構成や文体に対して素晴らしい助言を与えてくれたティセ・タカギにも特別に感謝する。

ジョーダン・サイモンズとジェフリー・オールは原稿を通し読みし、詳細かつ洞察に満ちたコメントをくれた。おかげで、私たち筆者にとっては明快だが、読者には混乱を招くような点を多く見つけ、修正できた。

パット・サイモンズが完成前の原稿を徹底的に見直ししてくれたおかげで、最終版ははるかに読みやすくなった。酔眼の校正者のキャシー・リチャーズは、誤字やあいまいな表現をいくつも見つけてくれた。読者が本書を読みやすいと感じてくれたとしたら、それはすべてこれらの人たちのおかげである（もし読みやすくないのなら、それは筆者の責任だ）。

サンガ・スン、タマラ・ゲオルギエバ、マイケル・ベネット、特にジェフリー・オールは、本書のリサーチに大きな協力をしてくれた。ジョナサン・シーガル、プロノイ・サルカールとの有益な議論にも感謝する。

本書の執筆に取りかかるずっと前、私たちはオーストラリアのホバートにあるミュージアム・オブ・オールド・アンド・ニュー・アート（MONA）で展覧会を共同企画し、展覧会のカタログにエッセイを2本寄稿した。MONAのデイヴィッド・ウォルシュ、ピッパ・モット、ジェーン・クラーク、ベス・ホールらとの議論は、本書での美術品詐欺についての執筆で役立った。

本書の構想を練るにあたり、さまざまな分野の専門家に話を聞いた。その中には、詐欺の疑惑についてオフレコで話してくれた人もいれば、有名な事件についての個人的な考えを匿名で話してくれた人もいた。それは本書の議論を組み立てるのに役立った。その助けに深く感謝したい。

執筆の過程でも、次に列挙する多くの専門家からの知見を得た。それは重要な情報を得ること、私たちの誤解を正すこと、正確な記述をすることに役立った。もし間違いが残っていたら、それは十分に注意して聞いていなかった私たちの責任である。

マックス・バーザーマン、ビル・ブリュワー、ジョアン・バイヤーズ、スーザン・クランシー、ゲイリー・デル、ダニエル・エデルマン、シェーン・フレデリック、ジェニファー・ゴルベック、ジョシュア・ハート、ダイアナ・ヘンリケス、ジョー・ヒルガード、デイヴィッド・ライブソン、ボッセ・リンドクイスト、アンドリュー・メトリック、スコット・マイヤーズ、ケネス・ノーマン、ピーター・ペイジン、ロン・レンシンク、ケイティ・ロススタイン、ジェイミー・ショブリン、ジョー・サイモンズ、デヴィッド・スマードン、ラリー・テイラー、エイサ・ウィクフォルス、マイク・ウィルキンス、キャサリン・ウッド、レネ・ゼーレンバーグ、ロルフ・ズワーン。ニック・ブラウンとマット・トンプキンスは原稿の複数の箇所を読み、意見を細かく述べてくれた。

本書の長い執筆プロセスを通じた、家族、友人、同僚からの支援や励まし、理解に感謝する。

ダンからはキャシー・リチャーズ、ジョーダン・サイモンズ、エリックス・サイモンズ、デヴィッド・サイモンズ、パット・サイモンズ、ポール・サイモンズに、クリスからはミシェル・メイヤー、ケイレブ・メイヤー＝チャブリス、ダニエル・チャブリスそして、ナレッジ・レジスタント・プロジェクトのメンバーに特別な感謝を。

最後に、本書のテーマについて私たちの好奇心を刺激し、このプロジェクトに取り組むモチベーションを維持するのに役立ったという意味で、これまで私たちをだましてくれたすべての人に感謝する。

訳者あとがき

本書は、2023年7月に米国で刊行された『Nobody's Fool: Why We Get Taken In and What We Can Do about It』の邦訳である。原題の「Nobody's Fool」は「誰にとっても愚か（fool）ではない人」、つまり「だまされない人、利口な人」を意味する英語の慣用句だ。

副題（直訳すると「なぜ人はだまされるのか、どうすればそれを避けられるのか」）からもわかるように、本書のテーマは文字どおり、現代社会に巧妙にしかけられている「だまし」のテクニックのからくりを解き明かし、それを回避するための具体的な方法を提示することにある。

著者は、どちらも米国の心理学者であるダニエル・シモンズとクリストファー・チャブリス。2010年に刊行された2人の前作『The Invisible Gorilla: And Other Ways Our Intuitions Deceive Us』（見えないゴリラ：直感はいかにして私たちを欺くか）は、橘玲氏による「邦訳版への解説」でも言及されているように、タイトルにもなった有名な「見えないゴリラ実験」の動画のインパクトも手伝って世界的なベストセラーとなり、日本でも邦訳版

（『錯覚の科学』、木村博江訳、文藝春秋、2011年）が大ヒットした。本書は、世界が注目する2人の心理学者による、待望の続編という位置づけになる。

前作で私たちの日常生活に影響を及ぼす人間の「錯覚」に取り組んだ著者は、本作では世の中にはびこる詐欺的行為に注目し、詐欺師が私たちをだますためにつけ込む人間の4つの認知的なハビット（癖や習慣）である「集中」「予測」「思い込み」「効率」と、だましのテクニックとして用いられる4つの認知的な「フック」（釣り針）である「一貫性」「親近性」「正確性」「有効性」を、豊富な事例を交えながら詳しく説明していく。

本書で詳述されているとおり、あの手この手を使って私たちをだまそうとしてくるのは悪質な詐欺師だけではない。認知バイアスや錯覚など、認知科学の知見が広く知られるようになるにつれ、製品やサービスを売り込もうとする企業や、私たちの身のまわりにいる「普通」の人たちまでもが、こうした科学的知識を巧妙に利用して、罠を張りめぐらすようになっているのだ。

だからこそ現代人にとって、こうした「だましの手法」を知ることの価値は、かつてないほどに高まっているといえるだろう。本書が読者の皆さまにとって、誰かの「カモ」にならずに幸せに生きるための大きな助けになることを心から願っている。

翻訳作業は翻訳者の古森科子氏、鈴木裕子氏、濱浦奈緒子氏と共同で行った。訳文の最終的な責任は私にある。本書の編集者である東洋経済新報社の能井聡子氏は、翻訳作業を温かくサポートしてくれ、最善の邦訳版を制作するために最大限の労力を投じてくださった。心よりお礼申し上げる。

児島　修

本書は著者の許諾を得て、原書の内容を
部分的に縮約・改編しています。

原書に掲載されている参考文献は、以下の URL から
PDF ファイルをダウンロードできます。
https://str.toyokeizai.net/books/9784492047606/

全員"カモ"
「ズルい人」がはびこるこの世界で、まっとうな思考を身につける方法

2024 年 3 月 12 日発行

著　者――ダニエル・シモンズ／クリストファー・チャブリス
訳　者――児島　修
解説者――橘　玲
発行者――田北浩章
発行所――東洋経済新報社
〒103-8345　東京都中央区日本橋本石町 1-2-1
電話＝東洋経済コールセンター　03(6386)1040
https://toyokeizai.net/

ブックデザイン……小口翔平＋後藤司（tobufune）
ＤＴＰ…………天龍社
印　刷…………ベクトル印刷
製　本…………ナショナル製本
編集担当………能井聡子
Printed in Japan　　ISBN 978-4-492-04760-6